JN409992

사랑은 서로를 건너는 것이다

사랑은 서로를 건너는 것이다

2022년 3월 18일 초판 1쇄 인쇄
2022년 3월 25일 초판 1쇄 펴냄

지은이 _ 장문석
펴낸이 _ 김용항
펴낸곳 _ 온누리

등록번호 _ 제아—20호(1982년 12월 6일)
주　　소 _ (28507)충북 청주시 상당구 대성로226번길 39-6
대표전화 _ (02)324-4790
팩시밀리 _ 0505-115-6287
휴대전화 _ 010-2735-7459
전자우편 _ onnuripb@hanmail.net

ISBN 978-89-8367-168-4 (03810)

시가 있는 유럽 여행기

France 프랑스 **Czech** 체코 **Austria** 오스트리아 **Hungary** 헝가리

장문석

작가의 말

이 글은 완벽한 형식의 기행문이 아니다. 모름지기 기행문이라 함은 여정, 견문, 감상의 3요소가 균형 있게 어울려야 하는데, 이 글에는 구체적인 여정이 없다. 또한 숙박과 교통에 대한 그 어떤 정보도 없다. 그러므로 이 글은 여행의 안내서로서도 완벽하지 않다.

여행지를 모두 기록한 것도 아니다. 취향에 따라 취사선택했다. 명확한 기준은 없다. 따라서 이 글을 보고서 나의 취향을 유추할 수도 있겠다.

또한 곁들인 사진도 전문가의 솜씨가 아니다. 그나마 가족의 얼굴이 나오는 사진은 가능한 한 뺐다. 아무리 가족이라 하더라도 초상권은 있지 않겠는가?

다시 말하자면 이 글은 기행문 같지만 기행문도 아니고, 사진첩 같지만 사진첩도 아니다. 그렇다고 기행문의 요소가 아주 없느냐 하면 그건 또 아니다. 구체적 여정은 없지만 견문과 감상은 있기 때문이다. 산문이 주틀 이루고, 이를 함축시킨 시가 말미에 등장한다. 시 중 10편 정도는 시집 『천마를 찾아서』(2020. 실천문학)에 수록했던 것이나 필요에 의해 재수록했다. 사진은 보조수단이다. 그러니까 산문과 시, 그리고 사진이 함께 어우러져 있다.

일종의 옴니버스식 구성이다. 매 꼭지가 독립적이다. 꼭지와 꼭지의 연관성이 희박하다. 그렇다고 완전히 분절된 것은 아니다. 유럽 기행이라는 보다 큰 틀에 묶여 전체를 이루기 때문이다.

그런 시각에서 이 글을 읽어주길 바란다.

2022년 봄

장문석

차례

오스트리아

헝가리

프롤로그

2018년 12월 27일 0시 30분. 꼭두새벽이다. 아내와 나, 그리고 큰딸 한별이—우리는 그렇게 인천공항에서 이스탄불 행 비행기에 올랐다. 이스탄불은 환승 공항, 우리의 목적지는 프랑스 파리였다. 바야흐로 유럽 여행을 떠나는 것이다.

여행을 떠난다는 것은 언제나 설레는 일이다. 미지의 세계에 대한 동경과 호기심, 일상을 벗어난다는 자유로움과 홀가분함, 얼마나 신나는 일인가? 더구나 가족과 함께 떠나는 여행이다. 내 어찌 들뜨지 않을 수 있겠는가?

나는 딸이 셋이다. 가족이 많다는 것은 그만큼 단체 활동에 제약이 많다는 것을 의미할 수도 있다. 그런 이유로 우리 가족은 단 한 번도 가족 전체가 여행을 한 적이 없었다. 그런데 이번에 함께 떠나는 것이다. 그것도 이역만리 유럽으로.

물론 처음부터 다섯이 함께 떠난 것은 아니었다. 서울서 떠날 때는 셋. 그러나 둘째 한결이는 프랑스 파리에 거주하고 있으니 현지에서 만나면 되었고, 셋째 한솔이는 개인적인 사정으로 하루 늦게 출발하는 것으로 사

전 약속이 되어 있었다.

이번 여행의 총괄적인 기획 및 진행은 첫째 한별이, 현지에서의 통역과 안내는 둘째 한결이, 숙소의 예약 및 식당의 선택은 셋째 한솔이가 맡았다. 한별이는 원래 고등학교에서는 인문계열을 공부했지만 대학과 대학원에서는 이과를 전공해서인지 인문학적 감성과 이학적 이성이 잘 어울린 능력을 가지고 있었다. 한결이는 대학원을 프랑스 파리대학으로 가더니 아예 거기에 눌러앉아버려 그곳 언어와 지리에 밝았다. 또한 한솔이는 그 중 가장 젊은 나이라 새로운 문화를 접하는 현대적 감각이 남보다 뛰어났다. 그야말로 세 딸의 장점이 잘 어우러진 조합이었다.

비행기의 좌석은 좁고 답답했다. 맥주를 마시고 잠을 청해 보았으나 여의치 않았다. 영화를 보는 것도 피곤했고 음악을 듣는 것도 따분했다. 왠지 모를 조바심이 숙면을 방해했다.

거의 뜬눈으로 뒤척이다 도착한 이스탄불. 이스탄불의 새벽은 서늘한 푸른빛이었다. 인천에서 0시 30분에 출발하여 무려 11시간하고도 15분을 날아왔는데도 새벽이었다. 환한 대낮일 거라는 생각은 착각이었다. 6시간의 시차를 계산에 넣지 못했던 것이다. 한국보다 6시간이 늦었다.*

우리는 거기서 파리 행 비행기를 타기 위해 6시간 정도를 더 기다려야 했다. 지루하고 힘든 일정이었다.

마침내 둘째 한결이를 만났다. 프랑스 드골공항에서였다. 반가웠다. 어쩌다 시작된 외국 생활이 벌써 몇 년째던가? 프랑스에서만 3년, 거기다가 취업 연수차 떠났던 캐나다에서 2년, 합하면 모두 5년, 낯선 이국땅에서 생활하는 모습이 참으로 대견했지만 그래도 안쓰러운 마음이 앞서는 것은

* 환승지인 터키와의 시차는 6시간, 목적지인 유럽과의 시차는 8시간. 대한민국보다 늦다.

어쩔 수 없었다. 경제적으로 충분히 뒷받침해주지도 못했는데……. 그래서 더욱 반갑다. 생각보다 건강해 보여 다행이었다. 한솔이는 다음날 체코의 프라하에서 만났다. 미리 예약한 민박집에서였다.

프라하에서 완전체가 된 우리 가족은 본격적인 유럽 여행을 시작했다. 그렇다고 많은 나라를 돌아본 건 아니었다. 프랑스, 체코, 오스트리아, 헝가리—모두 4개국이었다.

여행 내내 딸들이 번갈아가며 우리 부부를 밀착 안내했다. 옛날엔 똑같은 이유로 우리가 딸들의 손을 잡았었는데……. 함부로 돌아다니면 안 된다고, 길을 잃으면 큰일 난다고 주의를 주고 또 주었는데…….

격세지감이었다. 그러나 행복한 격세지감이었다. 그런 행복한 격세지감으로 보낸 12박 13일의 여행이었다.

프랑스

퐁네프

■ 퐁네프

난 다리로 가야 해요

사랑은 서로를 건너는 것이다

퐁네프. 프랑스의 센 강을 가로지르는 다리의 이름이다. 퐁Pont은 '다리', 네프Neuf는 '새로운'이라는 뜻으로 '새로운 다리'를 의미한다. 센 강에 건축된 다리 중 가장 오래되었지만 돌로 된 최초의 다리이기 때문에 그런 이름이 붙여졌다고 한다. 시테를 중심으로 일곱 개의 아치와 다섯 개의 아치로 나누어져 있다.

퐁네프에 도착했을 때는 밤이었다. 퐁네프의 야경은 아름다웠다. 때마침 퐁네프 밑으로 잔물결을 일으키며 지나가는 유람선. 아마도 센 강 주변의 야경을 구경하기 위함이리라.

센 강에는 여러 개의 다리가 있다. 그중 가장 아름답고 정교한 다리라고 정평이 나 있는 다리는 알렉상드르 3세 다리이다. 알렉상드르 3세 다리는 퐁네프에서 그리 멀지 않은 곳에 있다. 충분히 걸어서 이동할 수 있는 거리였다. 다리의 명칭은 1892년 프랑스 · 러시아의 공조(평화협정)를

---

* 센 강 가운데에 있는 섬으로 우리나라의 여의도를 생각하면 됨

알렉상드르 3세 다리. 전체가 하나의 아치로 연결되어 있다.

성사시킨 러시아의 알렉상드르 3세의 이름을 따서 명명되었다고 한다. 19세기 건축의 최고 걸작으로 손꼽히는 이 다리는 특히 야경이 아름다워 센 강의 하이라이트라는 칭송을 듣는다. 총 길이 107m가 하나의 아치로 이루어져 있으며 다리 양 끝에 20m 높이의 금빛 청동상이

청동상과 사자상

위용을 자랑하고 있다. 그리고 사자 양식의 조각상도 눈길을 끌었다.

그러나 내가 더 오래 머물렀던 곳은 알렉상드리아 3세 다리가 아니라 퐁네프였다. 사실 내가 퐁네프에 오고자 했던 것은 다리의 건축학적 가치나 미학적 아름다움 때문만은 아니었다. 젊은 날 보았던 『퐁네프의 연인들』이란 영화 때문이었다. 그 영화의 배경이 바로 이 다리였던 것이다.

영화 속의 주인공은 알렉스(드니 라방)와 미쉘(줄리엣 비노쉬). 그들의 사랑은 낭만과는 거리가 멀다. 사랑하는 사람과 함께 낭만적인 사랑을 염두에 두고 영화를 본다면 아마 실망할지도 모르겠다. 알렉스는 거리에서 불쇼를 하면서 살아가는 노숙자이고, 미쉘 역시 첫사랑을 잃고 시력을 잃어가는 거리의 화가이다. 그들이 만난 곳이 바로 퐁네프였다.

프랑스 혁명 200주년을 기념하는 불꽃놀이는 화려하고 아름다웠다. 그러나 그걸 배경으로 펼치는 두 남녀의 사랑은 한마디로 광기였다. 술병을 나발 불며 미친 듯이 춤을 추고 권총을 난사하기도 했다. 관객들은 그 사랑의 광기에 그만 소름이 끼치고 만다. 도대체 무엇이 그들을 그런 광기 속으로 밀어 넣은 것일까? 그리고 감독(레오 카락스)은 어떤 의도로 그 둘의 광기 어린 애증을 퐁네프를 배경으로 펼쳐놓은 것일까?

퐁네프는 말 그대로 새로운 다리란 뜻이다. 다리는 건너는 것이다. 건넌다는 것은 두 존재의 틈, 그러니까 사이를 전제로 한 말이다. 우주 삼라만상은 모두 사이를 가지고 있다. 그 사이를 건너는 것이 바로 다리인 것이다. 당연히 사람과 사람 사이에도 다리가 있다. 사회적 동물이란 말은 서로가 서로의 사이에 다리를 놓을 줄 아는 존재라는 의미일 것이다.

사랑도 사람의 일이다. 그러므로 사랑도 너와 나 사이에 새롭게 생긴 다리를 건너는 것이다. 너는 나를 건너고, 나는 너를 건너고…… 그런데 그게 그렇게 어려운 것이다. 금방이면 건너리라, 생각했던 그 지척의 어디쯤엔가 이별의 플랫폼이 있기 때문이다. 그 플랫폼에 미련과 집착이 똬리를 틀고 있기 때문이다. 그래서 늘 아픈 것이다.

겨울의 퐁네프는 말이 없다. 센 강의 잔물결이 일으키는 밤바람이 차다. 그럼에도 사람들은 지금, 퐁네프를 건너고 있다. 그 아픈 사랑의 다리를 건너고 있다.

난 다리로 가야해요

—퐁네프의 연인들

난 다리로 가야 해요
그녀가 거기에 있어요
이 소리 들려요?
강물이 살아나는 소리예요
내가 구름이 검다고 했더니
그녀가 하늘이 하얗다고 했어요
사랑을 하면 그런 말
주고받기로 약속했거든요
이젠 약을 먹지 않고도
서로의 팔베개로 잠들 수 있을 거예요
잊는 법은 배우는 게 아니에요
그런 법은 아예 없거든요
그래서 난 또다시 다리로 가야 해요
그녀에게 어둠이 오고 있어요
어서 빨리 그 어둠 속으로 들어가야 해요
그녀의 빛이 돼야 하거든요
사랑은 침대가 아니라

서로를 건널 수 있는 다리가 필요한 거예요
포도주 한 병 주세요
우리 불꽃놀이할 거예요
불꽃놀이는 참 아름다워요
순간적인 명멸이 천년을 흐르거든요
사랑도 그런 거예요
미친 듯이 마시고 노래하고 춤출 거예요
깨물고 할퀴고 빨고 삼키고……
그렇게 우린 서로에게
마지막
마지막 이미지가 될 거예요

※영화 『퐁네프의 연인들』에 나오는 대화 몇 부분을 변용함

치명적인 사랑, 종교를 초월하는

소설『노트르담의 꼽추』의 무대를 찾아서

퐁네프를 건너 시테에 들어가면 거기에 그 유명한 노트르담 성당이 있다. '노트르담'은 '성모 마리아'란 의미이다. 그러니까 노트르담 성당은 '성모 마리아의 성당'인 것이다. 이 성당은 1163년에 착공하여 그 이후 수많은 건축가들의 손을 거치면서 1330년에 완공되었다고 한다. 무려 170년 가까이 되는 그 장구한 세월에 머리가 절로 숙여진다.

또한 노트르담 성당은 역사적 현장이기도 하다. 마녀로 몰려 화형을 당한 잔 다르크의 명예 회복 재판이 1445년에 이곳에서 열렸으며, 나폴레옹 1세의 대관식도 이곳에 거행되었다. 그 외에도 수많은 왕과 황제의 대관식은 물론 드골 장군과 미테랑 대통령의 장례식도 이곳에서 거행되었다고 하니 그야말로 역사의 산 증인이라고 볼 수 있다.

그러나 무엇보다도 노트르담 성당은 빅토르 위고가 있어 더욱 빛난다. 그의 소설『노트르담의 꼽추』의 무대가 바로 이곳이기 때문이다.『노트르

노트르담 성당. 크리스마스트리가 푸른빛을 발하고 있다.

담의 꼽추』는 소설로도 유명하지만 영화와 뮤지컬 등으로 제작되어 우리에게는 매우 친숙한 이름이다.

문학청년 시절 얼마나 꿈꿔 왔던 곳이던가. 때문에 성당의 내부를 구경한다는 생각은 애초에 없었는지도 모른다*. 아니, 없었다. 사실 내부를 들어가 본다 해도 안목이 없는 나로서는 주마간산에 그치고 만다는 것을 누구보다도 나 자신이 더 잘 알고 있었기 때문이었다. 다만, 내가 그토록 심취했던 소설의 무대를 밟아보는 것만으로도 나는 감개무량했던 것이다.

* 유감스럽게도 4개월 뒤(2019.4.15.)에 이 성당에서 불이 났다. 내부를 구경하지 않은 게 후회가 되었다.

노트르담 성당 앞 광장

말이 씨가 된다고 했던가. 의도한 것은 아니었지만 늦은 밤에 도착해서 성당 내부를 구경할 수 없었다. 할 수 없이 성당 앞 광장에서 성당을 올려다보는 것으로 족해야 했다.

『노트르담의 꼽추』는 아름답고도 슬픈 사랑의 이야기이다. 솔직히 고백하건대 나는 『노트르담의 꼽추』를 소설보다는 영화로 더 많이 기억하고 있다. 영화에서 에스메랄다 역을 맡은 배우는 지나 롤로브로지다, 그녀의 관능적 매력은 지금도 뇌리에 선하다. 콰지모도 역을 맡은 배우는 안소니 퀸, 역시 명불허전, 설명이 필요 없는 명연기였다.

여주인공 에스메랄다는 염소를 끌고 다니며 춤추고 노래하는 매혹적인 집시 여인으로 모든 사건의 정점에 서 있다. 한마디로 그녀는 치명적인 유혹이다. 가는 곳마다 장미가 피었고 가시가 돋았다.

어디였을까? 에스메랄다가 춤추고 노래하던 곳은. 크리스마스트리가 반짝이는 연말의 성당 앞 광장을 이리저리 거닐어 본다. 또한 어디였을까? 에스메랄다를 향한 남모를 연모로 가슴의 종을 치던 콰지모도의 종탑은. 올려다보고 또 올려다본다.

사랑은 논리로 설명되는 것이 아니다. 그 어떤 신분이나 미추를 떠나 성직자든 꼽추든 사랑에는 경계가 없다. 옳고 그름이 없다. 높고 낮음이 없다. 그 궁극은 같은 것이다. 경비대장 피버스가 선택한 사랑도, 부주교 프롤로가 몰래한 사랑도, 종지기 콰지모도가 죽음으로 완성한 사랑도 그 궁극은 같은 것이다. 내 안에 너를 들이고 싶다는 것이다. 네 속으로 내가 들어가고 싶다는 것이다. 그리하여 마침내 하나가 되고 싶다는 것이다. 그런데 그 욕망의 크기가 서로 다른 것이다. 그래서 사랑은 곧잘 비극의 씨앗을 잉태하는 것이다.

그런데 왜 하필이면 그런 가슴 아픈 사랑의 이야기를 이런 성당을 배경으로 펼쳐 놓은 것일까? 그런 것일까? 사랑은 때로 종교를 초월하는.

사랑경經

—노트르담의 꼽추

결론은 의외로 간단했다
에스메랄다,
그녀는 마녀였다는 것
염소를 끌고 다니며
춤추고 노래하는
치명적인 아름다움이었다는 것
그 아름다움에는 언제나
염소의 피가 묻어 있어
누구든 닿기만 하면
마법에 걸린다는 것
그 누구도 헤어나지 못하는
사랑에 빠진다는 것
매혹적인, 너무나 매혹적인
그리하여 감히 죄를 물을 수 없는

주여, 사랑 앞엔 언제나
당신도 뒷전입니다

루부르 박물관, 니케의 여신상

■ 루부르 박물관, 니케의 여신상

그대, 영원한 승리를 꿈꾸는가

승리의 여신은 머리가 없느니

루브르는 그야말로 어마어마한 규모를 자랑한다. 세계 3대 박물관* 중 하나라는 이 박물관은 원래 바이킹의 침입으로부터 파리를 방어하기 위해 세운 요새였다고 한다. 그러다가 16세기에 이르러 르네상스 양식으로 새롭게 개조되었고, 이후 4세기의 걸쳐 많은 왕족들이 확장하고 개조하여 오늘에 이르렀다.

현재 루브르 박물관의 전시실은 모두 225개. 그 안에 전시되어 있는 예술품은 대략 40만 점. 그중의 상당수가 그리스, 이집트, 유럽 등지에서 약탈하거나 강제 수집한 것들이라고 한다. 그런 이유에서 루브르를 일컬어 박물관이 아니라 예술품의 포로수용소라 평하는 사람도 있는데, 그 말이 영 틀린 것만은 아닌 것 같다. 애초 방어를 위해 세운 요새가 오히려 약탈한 예술품을 전시하는 박물관으로 변신을 했으니 그런 말이 나올 만도 하다. 참으로 아이러니한 변신이다. 그나마 다행이라면 장구한 세

* 세계 3대 박물관 : 프랑스의 루브르 박물관, 영국의 대영 박물관, 바티칸의 바티칸 박물관

월 동안 손망실하지 않고 이제까지 잘 보관해 왔다는 것이라고나 할까? 어쨌든 그 방대함은 그저 놀라울 따름이었다.

루브르에 입장하기 직전 우리는 조금 생뚱맞은 조형물과 마주해야 했다. 거대한 유리 금속 피라미드였다. 자고로 박물관이라 함은 고색창연이라는 인식이 일반적인데 이건 너무 현대적이다. 알고는 있었지만 실제로 보니 조금은 당황스러웠다.

이 피라미드는 1984년에 프랑스의 프랑수아 미테랑 대통령의 의뢰를 받은 미국의 중국계 건축가인 I. M. 페이가 설계하였다고 한다. 그러나 이는 처음부터 논란거리가 되었던 모양이다. 피라미드의 현대적 조형물이 프랑스의 고전적인 르네상스 양식과 일치하지 않는다는 것, 피라미드는 이집트에서 유래된 죽음의 상징이라는 것, 중국계 건축가인 I. M. 페이가 프랑스의 상징을 설계하는 것 자체가 부적절하다는 것 등이 그 이유였으나 어쨌든 피라미드는 현재 루브르의 상징처럼 여겨지고 있으니

이 또한 아이러니하다.

루브르에서 처음 만난 건 니케Nike의 여신상. 1층에서 2층으로 올라가는 계단의 중앙 부근에 자리 잡고 있다. 금방이라도 날아오를 듯한 두 날개의 날렵함, 승리에 대한 확고한 믿음으로 내딛는 오른발의 역동성, 이 날렵하고도 역동적인 여신은 그렇게 내 앞에 나타났다. 뱃머리에 서서 앞으로 진격하는 형상이었다. 서늘한 바닷바람이 쏴아 밀려오는 느낌이었다. 나는 단박에 이 여신상에 사로잡히고 말았다.

니케는 그리스 신화에 등장하는 여신의 이름이다. 흔히 승리의 여신이라 일컬어진다. 우리가 익히 알고 있는 나이키의 로고가 이 여신상에서 나왔다. 디자인을 전공한 어느 미대생이 니케 여신의 날개를 보고 고안했다는 것인데, 그것을 단돈 35달러에 샀다고 한다. 나이키는 Nike의 영어식 발음이다.

이 여신상은 1863년 에게해 북서부의 사모트라케 섬에서 발굴되었다. 그래서 '사모트라케의 니케'라고도 불린다. 발굴 당시 100개가 넘는 파편에 불과했으나 루브르 박물관으로 옮겨진 후 섬세한 복원 과정을 거쳐 1879년 일반에게 공개되었다. 이를 본 관람객들의 반응은 실로 놀라운 것이었다. 머리 부분도 없고 날개도 완전하게 복

원되지 못한 여신상이었지만 몸체의 굴곡을 따라 흐르는 옷감의 날렵한 역동성은 보는 사람으로 하여금 감탄을 금치 못하게 했던 것이다.

하얀 대리석을 재료로 한 이 여신상은 얇은 옷 하나만을 걸치고 있다. 그래서 온몸의 굴곡이 여실하다. 봉긋한 젖가슴과 옷감 속으로 훤히 비치는 배꼽, 그 옷마저도 아예 제처 버린 왼다리의 각선미, 육감적이고 매혹적이다. 그런 이유에서일까? 머리와 두 팔이 없음에도 불구하고 그 유려한 자태는 미의 여신 아프로디테에 버금간다는 평을 받았다.

만약 완전하게 복원되었더라면 어땠을까? 사람들은 그런 가정을 하며 못내 아쉬워하지만 나는 차라리 완전히 복원되지 않은 것이 다행이라는 생각이 들었다. 복원되지 않은 그 부분, 그 부분에 대한 우리의 상상력이 무한히 발동되기 때문이다.

승리의 여신

—니케의 여신상

승리의 여신은 머리가 없다
그러므로 승리를 저장할 수가 없다

이 세상에
영원한 승리자가 없는 까닭이다

■ 루부르 박물관, 밀로의 비너스

감히 중력이 미칠 수 없는

내 문학의 영원한 뮤즈, 비너스를 마주하다

'사모트라케의 니케'가 승리의 여신이라면 '밀로의 비너스(아프로디테)'는 미의 여신이다. 지중해의 푸른 물결을 헤치고 태어났다는 이 여신은 그 아름다움으로 인하여 수많은 미술가들의 모델이 되었다. 그러나 그녀는 신화 속의 여신이었던지라 그 자태의 형상화는 어디까지나 미술가들의 자유분방한 상상력에 의존할 수밖에 없었다.

현재까지 남아있는 작품만 해도 헤아릴 수 없을 정도이다. 인터넷을 조금만 검색해 보아도 회화로는 보디첼리의 「비너스의 탄생」과 「비너스와 마르스」, 조르조네의 「잠자는 비너스」, 로렌초 로토의 「비너스와 큐피드」, 밸리스케스의 「거울 앞의 비너스」 등이 있고, 조각상으로는 가브리엘 크리스토프 알그랭의 「목욕하는 비너스」와 「목욕 후의 비너스」, 크니도스의 「아프로디테」 등 수많은 비너스 관련 작품을 마주할 수 있다.

그런데 그 많고 많은 비너스 중에서도 비너스를 가장 아름답게 형상화 했다는 칭송을 받는 작품이 바로 '밀로의 비너스'이다.

루부르 박물관, 밀로의 비너스

이 조각상은 1820년 4월, 당시 오스만 제국의 영토였던 밀로스 섬에서 한 농부에 의해 발견되어 오늘의 이름을 얻게 되었다. 그러니까 '밀로'는 조각가의 이름이 아니라 '사모트라케'처럼 발견된 곳의 지명인 셈이다. 발견될 때부터 그 가치를 인정받은 이 세기의 걸작은 1821년 루이 18세에게 헌납된 다음 루브르 박물관에 소장되어 현재에 이르고 있다.

루브르는 규모만 큰 게 아니라 관람객도 참 많다. 225개의 전시실과 40만여 개의 작품들, 이를 제대로 감상하려면 비록 전문가라 할지라도 1년을 족히 넘어야 할 것이다. 그런데도 사람들은 단 몇 시간만이라도 좋다는 듯 끊임없이 밀려든다. 왜일까? 문득 그런 생각이 머리를 스쳤다. 루브르에 와서 뭔가를 배우고 깨치기보다는 '나도 루브르를 다녀왔다'라는 일종의 허세를 충족시키기 위한 것이라는……. 나 또한 그런 마음이 아예 없는 것은 아니었다.

외젠 트라크루아의
「민중을 이끄는 자유의 여신」

자크 루이 다비드의
「나폴레옹 대관식」

그저 스쳐 지나가는 것이 대부분이었다. 어쩌다 학창 시절 배웠던 작품이 눈에 띄면 반가울 뿐, 그 엄청난 물량공세 앞에 나는 그저 속수무책, 나중에는 다 그게 그거인 것처럼 보였다. 일종의 멀미였다.

앵그르의 「목욕하는 여인」

그러나 아무리 그렇다 해도 여기까지 왔는데 명화의 대명사로 일컬어지는 레오나르도 다빈치의 「모나리자」만은 보고 가야 하지 않겠는가? 루브르를 찾는 사람들의 80%~90%가 「모나리자」를 보기 위함이란 말이 있을 정도로 루브르를 대표하는 상징인데 어찌 빼놓을 수 있겠는가? 때문에 「모나리자」를 찾아가는 길은 그리 어렵지 않았다. 사람들이 떼 지어 몰려가는 곳으로 따라가면 되었다. 도중에 만나는 웬만한 작품들은 그냥 지나쳤다.

「모나리자」 앞에는 그야말로 인산인해, 접근하는 것조차 어려웠다. 「모나리자」가 멀리서 웃고 있었다. 그림의 호수도 작은 편이었다. 제복을 입은 여자 통제요원이 그 앞에서 질서 유지를 위해 애쓰고 있었지만, 세계적 명화를 보고자 하는 사람들의 열망은 어쩔 수 없는 혼잡을 자아냈다.

그 앞에 정좌하여 작품을 감상한다는 것 자체가 아예 불가능했다.

어쨌든 밀리고 밀리어 그 앞까지 갔다. 그 순간, 그림에 대한 감동보다는 내가 이 그림을 이렇게 가까이서 보는구나, 라는 감개였다. 그러나 거기까지였다. 그 앞에서 오래 머물러 있을 수가 없었다. 통제요원은 지체 없이 우리를 밀어냈다. 불과 1분 남짓, 본의 아니게 밀려나야만 했다. 그 조금의 시간마저 인증 사진을 찍느라 「모나리자」와는 눈 한 번 제대로 맞춰보지 못했다. 그런 탓일까? 「모나리자」의 그 휘황한 유명세에도 불구하고 나는 별 감흥을 느끼지 못했다. 부끄럽지만 그것이 솔직한 고백이다.

그러다가 덜컥, 만난 것이다. 「모나리자」 전시실에서 밀려나 다소 피곤할 즈음 마침내 내 문학의 영원한 뮤즈, 그녀를 만난 것이다. 완벽한 8등신에다 황금비율을 가지고 있다는 밀로의 비너스, 그 미의 여신이 마침내 내 눈앞에 나타난 것이다.

황감하게도 그녀는 상체에 아무것도 걸치지 않고 있다. 그리하여 도발적으로 다가오는 팽팽한 젖가슴. 마른 침 꼴깍거리며 눈길을 아래로 슬쩍 미끄러트리면 거기, 흘러내리는 치맛자락, 아슬아슬하다. 가까스로 골반 부위에 멈춰 있다. 그리고 그것을 붙잡고 있었을 양 팔이 없다. 누구였을까? 저 양 팔을 부러트린 사람은.

불현듯 나 또한 한 마리 늑대가 되어 그녀를 향해 뛰어오르고 있었다.

여전히 고혹적인

—밀로의 비너스

젊은 날이었어
당신의 절대적 고혹을 만난 것은
아직도 지중해의 푸른 물결 넘노는
팽팽한 수압의 젖가슴
그 봉긋한 꼭지에 눈길이 닿으면
그만 온몸이 후끈했지
잘록한 허리를 지나 조그만 더
조금만 더, 조급했지 서둘러 침대를 고치고
커튼 찢어 이부자리도 새로 만들고
마른침 꼴깍, 침대머리에 앉았다가
먹물 제단에 붓 한 자루 올리고는
사나흘 밤낮 치성을 올리기도 했지
주체할 수 없는 혈기였어 기다림에 지친
늑대 한 마리 기어코 네 발굽을 쳤지
단숨에 뛰어 올라 왼쪽 팔을 물어뜯고 아예
오른쪽 팔마저 물어뜯고
그러면 엉치에 걸쳐 있던 치맛자락

주르륵 흘러내릴 줄 알았던 거야
그리하여 그토록 열망하던 우담바라
활짝 꽃문 열 줄 알았던 거야
철없는 객기였어 잔인한 만용이었어
감히 중력이 미칠 수 없는
아름다움의 궁극
그런 초절정의 블랙홀이 있다는 것을
몰랐던 거야 오래도록
회한과 자위로 이부자리는 얼룩졌고
세월은 속절없이 그네를 탔지
이제 나는 늙어 버렸어 붓 끝은 갈라지고
먹물엔 노을이 깃들기 시작했어
그런데 어쩌자고 당신은
여전히 한결같은 자태인 거야
고혹적인, 처음 그대로의

몽마르트, 그리고 '사랑해 벽'

사랑합니다
SAYA CINTA PADAMU
I love you
I HA DI GÄRN
Te amo
Ich liebe dich

사랑이라는 푸른 감옥

'사랑해 벽' 앞에서 사랑을 생각하다

몽마르트. 참 많이 들어본 이름이다. 이국적이면서도 다소 감상적인 동경이 서려 있는 곳. 프랑스 여행을 꿈꿔 본 사람치고 이곳을 모르는 사람은 없으리라. 나 또한 예외는 아니었으니 어찌 이곳을 그냥 지나칠 수 있겠는가?

몽마르트가 그토록 유명해진 것은 아마도 두 개의 명소 때문이 아닌가 한다. 하나는 테르트르 광장Place du Tertre이고, 또 하나는 사크레쾨르 대성당Basilique du Sacré-Coeur이다. 어디까지나 내 판단이다.

테르트르Tertre는 '작은 언덕'이란 뜻이다. 말 그대로 테르트르는 몽마르트의 언덕 꼭대기(해발 130m)에 있다. 그렇게 넓지도 좁지도 않은 광장이다. 옛날에는 참 한적한 곳이었을 거라는 생각이 들었다. 한때 이곳을 처형 장소로도 사용했다는 귀띔에 고개가 끄덕여졌다. 그러다가 19세기 초부터 가난한 화가들이 모여들기 시작하여 오늘의 명소가 되었다고 한다.

테르트르 광장

많은 화가들이 곳곳에 이젤을 세워 놓고 그림을 그리고 있었다. 풍경화를 그리는 화가들도 있었고, 초상화를 그리는 화가들도 있었다. 이곳에서 활동하는 대부분의 화가들은 프랑스 예술협회에 등록되어 있기 때문에 작품 수준이 꽤나 높다고 한다. 그러니 거리의 화가라고 함부로 무시했다가는 큰코다치기 십상이다. 시간만 넉넉하다면 나도 거기 앉아 초상화 한 장 얻고 싶었지만 시간이 허락지 않았다. 아쉬움을 남기고 돌아서야만 했다.

테르트르 광장에서 위쪽으로 조금만 오르면 사크레쾨르 대성당이 있다. 프로이센과의 전쟁에서 패한 프랑스가 침체된 국민의 사기를 고양시킬 목적으로 후원금을 모아 지었다는 성당이다. 비잔틴 양식의 하얀 돔

사크레쾨르 대성당

이 우아하다. 성당 앞에 잔 다르크의 동상이 있다.

그러나 정작으로 나를 매료시킨 건 대성당이 아니라 대성당 앞 광장에서 내려다보이는 파리 시내의 전경이었다. 흐린 날씨 탓인지 파리 시가지 전체가 낮게 엎드려 있었다. 높은 건물도 거의 없었고 화려하지도 않았다. 그냥 소박하고 작은 도시였다. '프랑스 파리'하면 떠올랐던 경쾌함이 보이지 않았다. 예술의 중심지답지 않은 쓸쓸함이 묻어났다. 그 쓸쓸

함에 이끌려 나는 한참동안 거기에 머물렀다.

우리는 몽마르트에서 테르트르 광장과 사크레쾨르 대성당을 보기에 앞서 '사랑해 벽'을 먼저 찾았다. 광장과 대성당을 오르는 도중에 '사랑해 벽'이 있기 때문이었다.

'사랑해 벽'도 몽마르트에 있다. 지하철을 타고 아바쎄 역에서 내려 그 뒤쪽으로 조금만 걸어가면 작은 공원이 나타나는데, 그 공원의 한쪽에 자리 잡은 것이 바로 '사랑해 벽'이다.

사크레쾨르 대성당 앞 광장에서 바라본 파리 전경

몽마르트의 길거리 상점들

'몽마르트'하면 대부분의 사람들은 테르트르 광장과 사크레쾨르 대성당을 떠올리지만, '사랑해 벽'도 이젠 결코 빠트려서는 안 되는 새로운 명소로 자리잡고 있다. 그러나 아직은 다소 생소한 사람도 있을 수 있겠다. 왜냐하면 '사랑해 벽'은 2001년 2월 14일 밸런타인데이에 처음 세상에 공개된 곳으로 관광지로서의 역사가 비교적 짧기 때문이다.

'사랑해 벽'은 총 511개의 작은 타일(29.7cm×21cm)로 만든 푸른 벽(10m×4m)으로 여기에 '사랑해'라는 의미의 글자가 하얗게 새겨져 있다. 무려 300개가 넘는 언어라고 한다. 푸른색 바탕에 하얀색 글자가 매우 선명하다. 외국 언어에 손방인 나로서는 그 언어들의 국적을 일일이 알 수는 없었지만, 언어는 달라도 사랑한다는 의미는 모두 같을 것이다.

물론 한국어도 있었다. 외국에서 보는 한국어는 더욱 반가웠다. "사랑해", "극나 당신을 사랑합니다", "나 너 사랑해"라는 세 개의 문장이었다.

그런데 제일 위에 쓰여 있는 '극나 당신을 사랑합니다'란 문장을 보면 첫 어절 '나는'이 '극나'으로 거꾸로 되어 있다. 한마디로 공중제비를 한 것이다. 일부러 그런 것인지, 아니면 실수로 그런 것인지는 몰라도 일부러 그런 것이라면 참으로 절묘하다.

더도 덜도 말고 딱 한마디, '사랑한다'라는 그 말. 그 말을 뱉는 순간 세상은 정말로 황홀한 공중제비를 한다. 하루하루가 새로운 모자를 쓰고 동터 오는 푸른 설렘이다. 그 설렘은 끝내 입술에서부터 불꽃을 일으키기 시작하여 온몸으로 번진다. 그 불꽃 꺼질세라 원앙금침 둘러치고 시계바늘을 꽁꽁 묶기도 한다. 영원하라고. 이 순간 그대로 영원하라고.

그러나 우린 어쩜 알고 있는 것은 아닐까? 그 모든 게 찰나의 푸른 감옥이라는 것을. 밤마다 쏟아져 내린 별똥별들이 실은 우리의 뼈를 뜨겁게 태운 하얀 숯이라는 것을. 번연히 그걸 알면서도 우리는 기꺼이 그 감옥에 들어선다는 것을.

고백

—사랑해 벽

'나는 당신을 사랑합니다'
라고 고백하는 순간
세상은 아찔한 공중제비를 한다
'나는'이 뒤집혀 '극ㅓㄱ'이 된다

세계만방이 똑같다

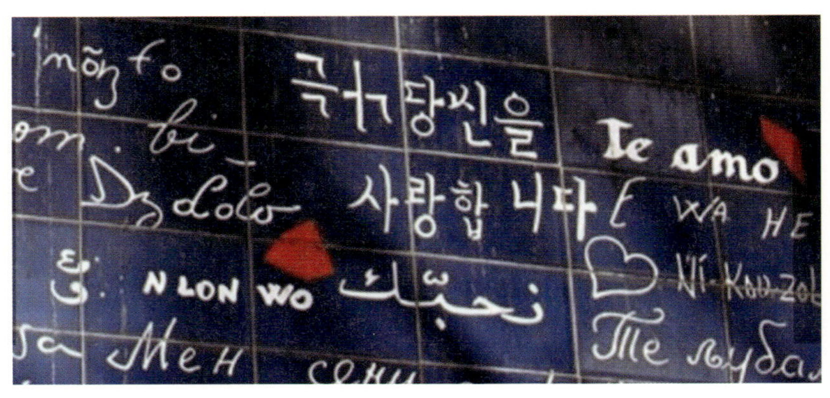

푸른 감옥

—사랑해 벽

푸른 감옥이었어요 여자의 왼손과 사내의 오른손이 하나의 수갑에 묶여 있었어요 평생 한 몸처럼 지내야 한다며 서로에게 종신형을 선고했다는 거예요 서로가 서로에게 담장이 되는 그런 감옥이었대요 그래도 여자는 무척이나 행복해 보였어요 어제는 구름 마차를 타고 양들의 나라에 가서 피리를 불었고 오늘은 은하로 날아가 밤새워 뱃놀이를 한다는데요

수갑은 유리로 만든 거라네요 아름답지만 쉬 깨진다는 거예요 유황으로 만든 거라는 이도 있어요 태생적인 불기운이 있어 자칫 화상을 입기 십상이라는 거예요 누군가는 다이아몬드로 만든 거라고도 하네요 사실, 그렇게라도 믿고 싶다는 건데요 그렇지 않다면 자진해서 감옥으로 들어갈 리 만무하다는 거지요

여인을 다시 만난 건 구월의 어느 강가에서였어요 어린애를 등에 업고 있어 자칫 몰라볼 뻔 했어요 손을 씻고 있었는데 수갑을 찼던 왼 손목에 하얀 자국이 선명했어요 씻을수록 더욱 하얗게 빛이 났어요 눈물도 얼비쳐 반짝였는데요 여자는 그렇게 푸른 강물을 따라 흘러갔어요 하얗게 흘러갔어요 등 뒤에서 어린애도 그걸 보고 있었어요

체코

생生과 멸滅의 수레바퀴

천문天文의 속삭임을 듣다

천문天文이란 우주와 천체에서 일어나는 온갖 현상이나 그에 내재된 법칙성을 연구하는 학문을 말한다. 예로부터 인간은 늘 천문을 경외하면서도 그 신비의 법칙을 알아내고자 노력해 왔다. 그러나 그것은 워낙 광대무변한 경지라서 그 이치를 다 알아낸다는 것은 사실상 불가능에 가깝다. 아니, 불가능하다. 다만 조금이나마 엿본 것이 있다면 삼라만상의 생生과 멸滅이 모두 영겁永劫의 흐름 속에 있다는 것뿐, 그러나 그마저도 아직은 대부분이 물음표이다.

인간은 그 영겁의 질서를 이해하기 위하여 시간의 개념을 만들어냈고, 그것을 분절시켜 시각화하고자 시계를 발명했다고 한다면 지나친 비약일까? 인간은 시계의 발명으로 어느 정도 시간을 계량화하는 데 성공할 수 있었다. 그러고는 거기에 생과 멸을 대입시켜 역사를 기록하기 시작했다. 그것은 곧 과거를 통하여 현재를 성찰하고 미래를 가늠하는 원동력이기도 했다. 또한 효율적인 통치의 수단이기도 했다. 그러므로 누가 더

천문 시계탑(왼쪽)과 틴 성당(오른쪽)

정교하고 정확한 시계를 만드느냐. 하는 것은 개인적인 차원을 넘어 국가적인 차원으로도 매우 중요한 문제였다.

우리나라도 마찬가지였다. 비록 파편이긴 하지만 신라의 원반형 시계가 오늘날까지 전해지는 것으로 보아 시간에 대한 개념은 아주 오랜 옛날부터 존재했던 것으로 보인다. 이후 우리에게도 친숙한 '앙부일구' '자격루'와 같은 과학적 시계들이 등장한다. '앙부일구'는 해시계이고 '자격루'는 물시계이다. 그뿐만이 아니다. 북극성을 중심으로 회전하는 별자리를 관측하여 밤 시각을 측정하는 '일성정시의' 라는 별시계를 만들기도 했다.

여타의 부족과 나라들도 예외는 아니다. 천체의 운행과 위치를 측정하기 위하여 온갖 수단과 방법을 다 동원하였다. 물론 그 궁극의 목적은 똑

해골이 시간의 줄을 잡아당기고 있다.

같았다. 시간의 개념을 시각화시켜 모든 이에게 표준시를 제공하는 것, 이때 필요한 것이 바로 시계였던 것이다.

그 시계 중 가장 유명한 시계가 체코 프라하의 천문시계이다. 프라하의 구시가지에 있다. 1490년 하누슈라는 시계공이 제작했다는 것인데, 현재까지 작동하는 시계 중 가장 오래된 것이라고 한다.

정각이 되면 오른쪽(관람자 입장)에 있는 해골이 오른손으로 줄을 당기면서 동시에 왼손으로 모래시계를 뒤집는다. 그러면 두 개의 문이 열리고 각각 6명씩 12사도들이 줄줄이 지나간다. 그리고 황금닭이 한 번 울면 끝이 난다. 채 1분도 안 된다. 실제로 보고 들으니 조금은 허무했다. 어쩜 삶 자체가 그런 것인지도 모르지만.

그때 문득 나의 시선을 잡아 끄는 게 하나 있었다. 바로 시간의 줄을 당기는 해골이었다. 해골은 죽음이다. 그러니까 시간을 끌고 가는 존재가 다름 아닌 죽음이라는 얘기다. 자못 의미심장한 구성이다. 하지만 곰곰이 생각해 보면 지극히도 당연한 천문의 이치, 시간의 흐름이라는 게 결국은 삶과 죽음의 수레바퀴를 돌리는 일이 아니던가? 짐짓 모른 체하고 있었을 뿐, 시간은 언제나 우리의 곁에 있었던 것이다. 그래서 그것을 깨우치고자 저런 시계탑을 세운 것은 아닐까?

천문天文

—천문시계탑

짜깍짜깍,
예전엔 잘 들리지 않던 소리였다
아니, 애써 외면하던 소리였다
애초부터 달팽이관에 뿌리를 내리고
조금씩, 조금씩 싹을 키워오던
천문의 속삭임이었다
그는 잠시 뒤를 돌아보았다
한때 질주의 대명사였던
초원의 치타가 바로 그였다
적도의 태양은 뜨거웠고
사바나의 바람은 비릿했다
그는 빠르고 날렵했다
백 리 지평선을 단숨에 치달아
바위너설에 오줌을 내갈기고는
오늘부터 내 영역의 경계는
여기가 되리라, 송곳니 드러내던
검은 얼룩무늬 전사이기도 했고

배고픈 암컷들이여
내게로 오라, 치기를 부리던
당대 최고의 수컷이기도 했다
그런데 들리기 시작한 것이다
살기 위해 물어뜯었던
그 수많은 생명들이
다름 아닌 자신의 생명이었다는 것
그 나직한 속삭임이 문득 가까워진 것이다
그는 천천히 고개를 끄덕였다
그 순간이었다 초원의 고요가
날카로운 섬광으로 번뜩인 것은
무지개 비끼는 초원 저 멀리
한 떼의 임팔라가 지나고 있었다
째깍째깍,
도망쳐서 될 일이 아니었다

사랑이란 이름의 굴뚝

달콤한, 그러나 검은 그을음의 아픔을 남기는

아침 9시. 천문시계의 시보를 보고 듣고 나니 배가 고팠다. 아침을 굶은 상태였다. 일정이 촉박해 아침을 걸렀기 때문이었다. 간단하게나마 요기를 해야만 했다. 이럴 때 가장 필요한 것은 간편한 길거리 음식. 프라하의 구시가지 광장 저 멀리로 '뜨르들르'를 굽는 상점이 보였다.

국내외를 막론하고 여행을 가면 나는 그 지역의 음식과 술을 먹는 것으로 철칙을 삼고 있다. 외국에 나가면 현지의 음식이 입에 맞지 않는다고 한국에서부터 고추장, 장아찌, 김 등을 싸오는 사람들을 종종 볼 수가 있는데, 나는 그게 마뜩잖다. 그럴 거면 돈 들여 먼 데 이국까지 왜 왔는가? 여행이란 모름지기 그 지역의 풍토와 문화를 접하기 위함일 터, 그러자면 그것을 대표하는 술과 음식을 맛보는 것이 우선일 것이다. 왜냐하면 술과 음식에는 그 지역의 풍토와 문화가 응집되어 있기 때문이다. 그래서 나는 어디를 가든 그 지역의 술과 음식을 일부러 찾는다. 입맛에 맞지 않더라도 먹는다. 그러다가 뜻하지 않게 발견하는 별미는 얼마나

구시가지 전경

짜릿한 흥분이던가? 술과 음식으로 기억되는 지역은 뇌리에도 오래 남는다.

사람에 따라 호불호가 갈리겠지만 프라하에서 먹어본 음식 중 최고를 들라고 하면 나는 주저 없이 돼지의 무릎뼈로 만들었다는 '꼴레뇨'와 굴뚝빵으로 불리는 '뜨르들로'를 들겠다.

'꼴레뇨'는 한국의 족발에 해당하는 요리라고 보면 된다. 그러나 그 맛은 영 딴판이었다. 돼지고기라는 느낌이 전혀 들지 않았다. 껍질은 바삭하고 살코기는 부드러웠다. 이 '꼴레뇨'에 체코의 맥주를 곁들였다. 환상이었다. '꼴레뇨'와 맥주……모두 한국으로 가지고 오고 싶은 맛이었다.

그 다음으로 나를 매료시킨 음식은 '뜨르들로'. '뜨르들르'는 체코의 대표적인 길거리 음식 중의 하나이다. 체코의 어디를 가도 '뜨르들르'를 굽는 상점을 만날 수 있다. 꼬치에 밀가루 반죽을 나선형으로 말아 올린 다음 화덕에 구운 원통형 모양의 빵이다. 안쪽에 초콜릿이나 과일 잼 등을 바르고 다 구워지면 겉면에 설탕과 시나몬 가루(계피 가루)를 뿌려 먹는다. 나선형으로 말아 올렸기 때문에 그 결을 따라 뜯어 먹어야 제 맛이 난다. 식감이 쫄깃하고 달콤하다. 시나온 향 또한 은은하다. 간단한 아침 식사로는 손색이 없다. 훌륭한 맛이었다.

원래 이 '뜨르들르'의 탄생지는 이웃나라 슬로바키아였다고 한다. 그러

꼴레뉴

뜨르들르

나 슬로바키아가 한때 체코슬로바키아*라는 연방으로 묶여 있었으니 그 원조를 따지는 게 조금은 무의미하기도 하다. 어쨌든 이 '뜨르들르'의 맛이 유명세를 타면서 동유럽 전역으로 퍼져 나가자 체코는 2000년대부터 이의 대중화를 위해 적극적인 노력을 기울였고, 그 결과 '뜨르들르'하면 체코의 전통빵이라는 인식을 만들어냈다는 것이다. 처음엔 우리도 뜨르들로가 체코의 전통빵인 줄 알았다. 그러나 어떠랴. 맛있게 먹었으면 그만이지.

또한 이 '뜨르들르'는 굴뚝빵이라는 별칭도 가지고 있다. 생김새가 꼭 나선형으로 말아 올린 원통형 굴뚝같이 생겼기 때문이다. 그래서 그 나선형의 결대로 뜯어 먹어야 제 맛이 난다고도 했다. 그러나 겉에 설탕과

* 체코슬로바키아 : 1918년, 체코와 슬로바키아가 '소비에트 연방'처럼 연방으로 합해진 공산주의 체제. 이 체코슬로바키아 연방은 1989년 해체되었고, 1992년 체코와 슬로바키아로 완전히 분리되었다.

시나온 가루가 묻어 있어 손으로 뜯어 먹기에는 좀 불편했다. 아내와 딸들은 종이에 싸서 입으로 베어 물었지만 나는 손으로 뜯어 먹었다. 한 바퀴 한 바퀴 돌려가며 뜯어 먹었다. 담백하면서도 달콤했다.

가게 문을 나서는데 불현듯 사랑이란 단어가 떠올랐다. 사랑이 꼭 굴뚝빵과 같다는 생각이 들었다. 달콤한 맛에 취해 한 바퀴 한 바퀴 돌다 보면 어느덧 끝, 그쯤에서 만나는 아찔한 절벽, 그 이별의 눈물을 생각했다. 사라지리라, 이제 곧 한 줄기 연기로 사라지리라, 아무리 되뇌어도 끝내 심장 한복판에 검은 그을음을 남기는…….

사랑의 굴뚝

—뜨르들르

굴뚝을 오르는 길은 나선형이에요
설탕과 잼, 초콜릿 등이 묻어 있어 달콤해요
한 바퀴, 한 바퀴 베어 물다 보면
어느덧 끝
자, 이젠 사랑의 굴뚝을 빠져 나가실까요

■ 유대인 지구(ghetto)

담장은 별을 가두지 못한다

유대인 공동묘지, 그 주검의 아파트에서

셰익스피어의 희곡『베니스의 상인』에 샤일록이란 인물이 등장한다. 그는 피도 눈물도 없는 냉혹한 고리대금업자로 독자들의 지탄을 받는 악역이다. 그런데 그가 유대인이었다. 유럽의 역사에서 유대인은 늘 악역이었다. 문학뿐만 아니라 여타의 기록에서도 유대인들은 결코 긍정적이지 않다.

왜일까? 유대인들에 대한 유럽인들의 뿌리 깊은 부정적 인식은 도대체 어디에서 기인하는 것일까? 또한 무어라 설명해야 되나? 2차 세계대전 당시 나치에 의해 자행된 홀로코스트의 대량 학살 행위는. 누군가는 돈밖에 모르는 족속이라 하여 그렇게 되었다고도 하고, 누군가는 종교적 우월주의가 자초한 불행이라고도 하고, 또 누군가는 정치적 필요에 따라 선택된 희생양이라고도 하고……. 그러나 여기서 그걸 논하고 싶지는 않다. 다만 분명한 것은 그들이 너무나 오랜 세월 가혹한 차별과 핍박을 받아 왔다는 사실이다.

유대인 공동묘지

체코의 프라하에 있는 '유대인 지구'는 그 증거 중 하나일 뿐이다. '유대인 지구'는 프라하의 네트나 공원과 구시가지 광장 사이에 있다. 유대인들이 프라하에 자리를 잡기 시작한 것은 10세기 무렵. 이후 13세기에 이르러 로마제국은 이 유대인들을 일정한 구역으로 강제 이주시키고는 담장을 쌓아 출입을 철저하게 통제하기 시작했다. 그 구역이 바로 지금의 '유대인 지구'이다.

입장하자마자 처음으로 눈에 띈 것은 온 벽을 빼곡히 차지하고 있는 작은 글씨였다. 히틀러에 의해 희생된 사람들의 이름이라고 한다. 그 수가 무려 77,297명이라고 하니 그저 놀라울 따름이다. 부부로 보이는 늙은 관광객이 그중 몇 개의 이름을 가리키며 무슨 말인가를 주고받는 모습이 눈에 띄기도 했다. 먼 조상쯤 되는 것일까?

2층에도 유대인들에 대한 기록물이 전시되어 있었지만 까막눈인 나로서는 무슨 내용인지 알 수 없었다. 차별의 상징이었던 별 배지도 있었고, 그것을 가슴에 달았을 아이들의 사진도 있었다. 그리고 그 아이들이 그렸다는 그림도 한쪽 벽에 걸려 있었다. 모두 어둡고 무거웠다. 아이들다운 익살이나 경쾌함이 보이지 않았다. 삶의 환경 탓이었으리라. 사진을 찍고 싶었지만 실내 촬영이 엄격히 금지되어 있어 그러지 못했다.

밖으로 나오니 하늘이 낮은 회색빛이었다. 바람도 찼다. 그런데 거기서 나는 아주 낯선 광경을 보고야 말았다. 비석을 닮은 넓적한 돌들이 상당히 넓은 공간에 빼곡히 박혀 있는 것이었다. 나는 처음에 그게 무엇인지 몰랐다. 정말이지 나는 이 유대인 지구에 대한 사전지식이 전혀 없었던 것이다. 모든 계획을 딸들이 세웠기 때문에 준비를 조금 게을리했던 탓이기도 했다.

알고 보니 그건 유대인 공동묘지였다. 그러니까 넓적한 돌들은 비석을 닮은 게 아니라 실제로 비석이었던 것이다. 1만 2천 개나 된다고 한다. 기울어진 것도 있었고, 짧은 것도 있었고, 깨진 것도 있었다. 돌의 외양도 대리석이나 화강암처럼 매끈하지 못하고 거칠었다. 정중하지 못하고 우중충했다. 아무데나 굴러다니는 잡석처럼 보였다. 더구나 오랜 풍파에 마모되고 깨지고 검은 이끼마저 끼어 음울한 분위기마저 자아냈다.

그런데 그 수가 너무 많았다. 거의 바짝바짝 붙다시피 촘촘했다. 그래서 비림碑林인 줄 알았다. 왜 중국에 가면 비석을 모아 놓은 '碑林'이란 곳이 있지 않은가? 아무리 보아도 그건 비림이었다.

그러나 아니었다. 유대인들은 죽어서도 유대인 지구 벗어나지 못했다고 한다. 그러니 어쩌겠는가? 묻은 곳에 또 묻고, 그 위에 또 묻을 수밖에. 무려 12층까지 포개어 묻은 곳도 있다고 하니 그 세월의 아픔을 도저히 땅띔을 할 수가 없다.

그건 주검의 아파트였다. 위층으로 올라갈수록 아들과 손자, 또 그들의 아들과 손자가 묻히고 또 묻히는.

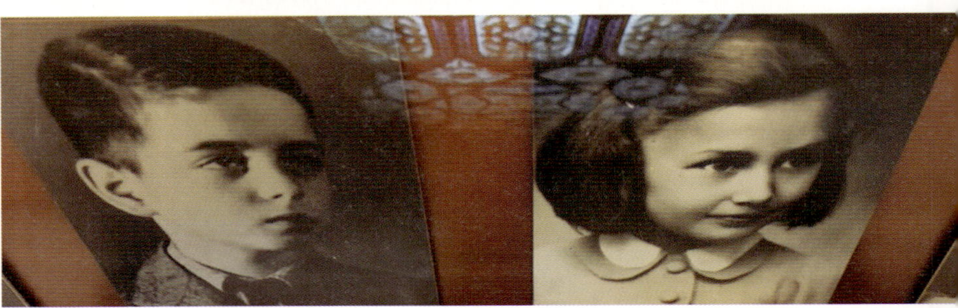

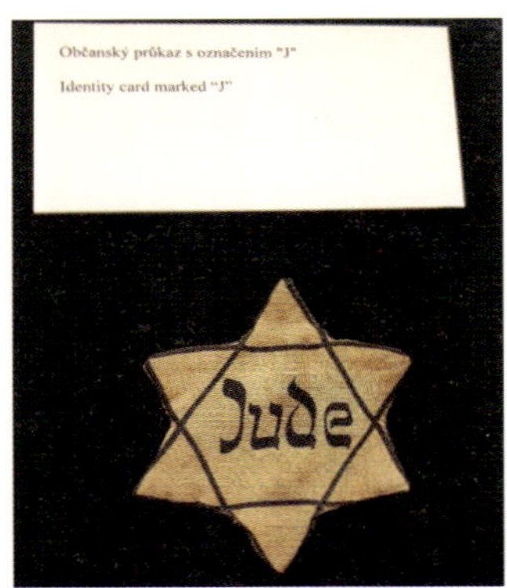
Občanský průkaz s označením "J"
Identity card marked "J"
Jude

비로소 별

—유대인 공동묘지에서

죽어서도 우리는
이 지구를 벗어날 수가 없었다
죽어서도 우리는 여기에 묻혔고
또 죽어서도 그 위에 묻혔다
우리의 육신은 그렇게
층층이 쌓이고 쌓여
대대손손 썩고 썩어갔다
그러나 얼마나 다행이랴
우리보다 먼저 우릴 묶었던
족쇄가 푸르게 썩기 시작했으니
그리하여 마침내 우리는
이 지구를 벗어날 수 있었으니
비로소 별이 되어
궁륭 한복판 반짝반짝 빛날 수 있었으니
어떻게 저들은 그걸 알고
일찌감치 우리의 가슴에
별을 달아 주었던 것일까

블타바 강, 그리고 불꽃놀이

불꽃, 저 순간적인 명멸

불타바 강은 말없이 흐르고

2018년 12월 31일. 또 한 해가 저물고 있었다.

유대인 지구를 구경하고 숙소로 돌아왔을 때 우리는 그날이 2018년의 마지막 날임을 비로소 알아차렸다. 빠듯한 일정 탓에 그만 깜박하고 있었던 것이다. 딸들의 겨울휴가에 맞추어 여행 일정을 짜다 보니 생긴 현상이었다.

우리가 숙박한 곳은 블타바 강이 멀리 내다보이는 민박집. 우리는 이 숙소에서 3일간의 체코 일정을 소화했다. 그 일정 중에 2018년 12월 31일과 2019년 1월 1일이 포함되어 있었던 것이다. 이제껏 예순 번 이상 한 해를 보내고 또 맞이했지만 이렇게 이국땅에서 그것이 이루어질 줄은 정말 꿈에도 몰랐다. 감회가 남달랐다. 설렘 같기도 하고 외로움 같기도 하고……묘한 흥분이 켜켜로 밀려왔다.

여장을 푼 다음 우리는 블타바 강가로 나갔다. 한 해의 마지막을 그냥 보낼 수는 없지 않은가?

블타바 강은 프라하를 가로지르는 체코의 젖줄과도 같은 강이다. 물은 탁했고 유속은 빨랐다. 바다가 아닌데도 갈매기가 날고 있는 것이 신기했다. 그것도 한두 마리가 아니었다. 바닷가의 어느 작은 항구에 와 있는 느낌이었다.

블타바 강

강변에 맥줏집이 있었다. 하루의 여독을 풀 겸 안으로 들어갔다. 역시 맥주는 체코였다. 술을 거의 못 하는 아내도 연신 고개를 끄덕이며 감탄사를 연발했다. 스테이크 종류의 안주도 싸고 맛이 있었다.

맥줏집에서 나와 찾아간 곳은 카를교. 체코에서는 가장 오래된 석조 다리로 알려져 있다. 블타바 강의 다리 중 유일하게 보행자 전용 다리이면서 프라하 성, 천문 시계와 함께 프라하를 대표하는 관광 명소이기도 하다. 전체 길이는 약 520m, 폭은 약 10m이며 30개의 성인상들이 좌우 난간에 마주보고 서 있다. 17세기 말부터 20세기 초까지 약 300년에 걸쳐 제작된 30개의 성인상들로 성 요한 네포무크, 성 루이트가르트, 성 비투스 등 체코의 유명한 성인들이란다.

카를교

성 네포무크 동상

그중 성 요한 네포무크 조각상이 가장 유명하다. 성 요한 네포무크는 14세기말 교회와 국가의 치열한 갈등 과정에서 살해된 체코의 순교자로 오늘날까지 칭송을 받는 성인이다. 그의 발등을 어루만지며 소원을 빌면 소원이 이루어진다는 속설도 있다. 그래서인지 많은 사람들이 그 앞에 줄을 섰다

그런데 정작으로 소원발이 가장 잘 받는 곳은 따로 있었다. 바로 성 요한 네포무크가 내던짐을 당했던 순교의 자리, 성인상 17번과 19번 사이에 있는 부조물이다. 가슴에 십자가를 들고 머리 위에 별이 떠 있는 모습으로 누워 있다. 아내가 거기서 소원을 빌었다. 무얼 빌었을까? 궁금했지만 물어보지 않았다. 아마도 가족의 안녕을 빌었으리라.

숙소로 돌아와 라면을 끓여 먹었다. 한국에서 혹시나 하여 준비해 간 전기냄비와 라면이 그렇게 고마울 수가 없었다. 이국에서 먹는 라면의

* '로마순교록'에 따르면, 보헤미아 국왕 벤체슬라우스는 왕비의 고해신부였던 요한 네포무크에게 왕비의 고해 내용을 물었으나 성스러운 고해의 비밀을 누설할 수 없다며 요한은 단호하게 거절했다고 한다. 이에 화가 난 왕은 요한의 혀를 자르고 결박한 후, 카를교 밑 강물에 던져 버렸는데, 다음날 강 위에 다섯 개의 별과 같은 광채가 떠올랐다고 한다. 이것이 동상에도 형상화되어 있다.

맛은 아주 훌륭했다. 평소에 라면을 즐기지 않던 나도 쉽게 젓가락을 놓지 못했다.

성 네모포크 조형물 앞에서 소원을 빌다.

숙소에서 마시는 흑맥주의 맛도 일품이었다.

라면을 다 먹고 났을 때 딸들이 말했다. 오늘 밤 제야除夜의 불꽃놀이가 있다고. 제야의 불꽃놀이가 블타바 강을 중심으로 펼쳐진다고. 어떻게 그런 정보를 얻은 것일까? 딸들의 능력에 새삼 엄지를 치켜들었다.

자정까지는 긴 시간이었다. 마트에 나가 흑맥주를 2,000cc를 사왔다. 맥주가 물보다 싸다는 이 나라에서는 맥주를 우리나라 막걸리 팔 듯 용량으로 팔았다. 용기를 가져가면 거기에 원하는 만큼 담아 주었다. 우리가 사온 건 흑맥주였다. 흑맥주 또한 맛이 일품이었다.

마침내 자정이 가까워지자 폭죽이 터지기 시작했다. 불타바 강을 따라 수십 발의 폭죽이 연달아 터졌다. 밤하늘은 일시에 불꽃 잔치였다. 우리는 모두 창가에 매달렸다. 불꽃놀이를 한두 번 본 건 아니건만 이국에서, 그것도 제야에 보는 불꽃놀이는 정말로 뜻 깊은 광경이었다.

아! 저 섬광, 끝없이 명멸하는……. 장미처럼 일시에 원형으로 퍼지는 것도 있었고, 매화처럼 가지를 아래로 쭉 뻗는 것도 있었고, 솜사탕처럼 부드럽게 녹아내리는 것도 있었다. 그러나 그 어느 불꽃도 그 자리에 오래 머물러 있지는 못했다. 순간적인 명멸. 사라지면 또 터지고, 터지면 또 사라지고……저걸 아름다움이라고 해야 하나, 허무라고 말해야 하나…….

그리고 생각했다. 저 명멸하는 불꽃 아래를 흐르고 있을 블타바 강을……. 마치 아무 일 없었다는 듯 영겁인 양 유유히 흐르고 있을…….

제야除夜

불꽃, 저 순간의 명멸

아름답다, 말하는 사람이 있습니다
허무하다, 말하는 사람이 있습니다

오스트리아

에피소드 1

오늘은 체코에서 오스트리아 빈(비엔나)로 가는 날.

아침 일찍 민박집에서 제공하는 김칫국으로 간단하게 요기를 한 우리는 서둘러 프라하 역으로 갔다. 오스트리아의 빈 행 기차를 타기 위함이었다.

플랫폼의 아침 바람이 쌀쌀했다. 그런데 기차가 오지 않았다. 아니, 프라하 역이 출발역이니 기차는 거기에 정차해 있어야 했다. 그런데 이상했다. 기차만 없는 게 아니라 사람들도 없었다. 출발 시간은 점점 가까워 오는데…….

둘째 한결이가 황급히 멀리 있는 역무원을 찾아가 물어보았다. 그랬더니 플랫폼이 잘못됐다는 거였다. 그러니까 4번 플랫폼으로 가야 하는데 7번 플랫폼에서 기다리고 있었던 것이다. 시간이 촉박했다.

우리는 헐레벌떡 캐리어를 끌고 플랫폼과 플랫폼을 연결하는 지하도를 달렸다. 캐리어 끄는 소리가 지하도 벽에 부딪혀 마치 짐승의 비명처럼 음울했다. 불안했다.

계단에서는 캐리어를 손으로 들고 뛰었다. 캐리어는 왜 그리 무거운

지……헉헉, 숨이 턱에 닿았다.

4번 플랫폼에 도착했을 때 기차는 이제 막 떠날 채비를 하고 있었다. 역무원이 뛰어오는 우리를 보고 소리를 쳤다. 더 빨리 서두르라는 재촉이었을 것이다. 가까스로 기차에 오르자마자 기차는 바로 출발했다. 불과 몇 십 초 전이었다. 아슬아슬한 순간이었다.

2019년 1월 1일, 정초의 아침이었다.

빈 미술사 박물관, 그리고 카노바의 「켄타우로스를 죽이는 테세우스」

빈 미술사 박물관

우리는 이미 한 통속이니

켄타우로스의 전언을 듣다

빈 미술사 박물관은 오스트리아의 수도 빈에 있다. 빈 미술사 박물관은 16세기 이후 합스부르크 왕가와 17세기 레오폴드 벨렐름이 수집한 방대한 예술품들이 전시되어 있는 유럽 3대 미술관* 중의 하나로 1층에는 그리스, 로마, 이집트 등에서 수집한 골동품과 조각 작품, 2층에는 유럽 등지에서 수집한 회화가 주로 전시되어 있다.

1층을 건너뛰고 2층으로 올라갔다. 사전에 조사한 몇 개의 작품이 있었기 때문에 일단 그것부터 먼저 봐야겠다는 판단 때문이었다.

성모를 그린 그림 중에 가장 아름답다는 평을 듣는 라파엘로의 「초원의 성모」, 일곱 베일의 춤을 추고 그 대가로 요한의 목을 요구한 살로메**,

* 유럽의 3대 미술관 : 프랑스 파리의 루브르, 스페인 마드리드의 프라도, 오스트리아 빈의 미술사

** 성서에 따르면 헤롯은 이복형과 이혼한 헤로디아와 결혼한 일로 세례자 요한의 비난을 받게 되자 민심이 두려워 그를 죽이지는 못하고 감옥에 가둔다. 그러던 중 헤롯은 연회에서 의붓딸인 살로메가 춤을 추자 그녀에게 원하는 것은 무엇이든 해주겠다고 약속을 하고, 헤로디아의 사주를 받은 살로메는 세례자 요한의 목을 잘라 쟁반에 받쳐 달라는 부탁을 한다. 이를 극화한 오스카 와일드

그 이야기를 그린 베르나르디노 루이니의 「요한의 목을 받쳐 든 살로메」, 인간의 욕망을 날카로운 혜안으로 풍자했다는 브뢰겔 1세의 「바벨탑」, 그리고 인간의 생로병사를 사계절에 비유한 아르침볼도의 「사계」 중 여름과 겨울의 최초 버전***, 사전에 내가 점찍은 그림들이다.

그러나 현장에서의 나는 조금 무덤덤했다. 루브르에 이은 엄청난 물량의 공세(?)에 질린 탓인지, 아니면 미흡한 내 안독 탓인지는 모르겠지만, 「초원의 성모」는 너무 평화롭고 우아해서 인간적 정감이 묻어나질 않았고, 「요한의 목을 받쳐 든 살로메」는 살로메의 얼굴 표정이 너무 철없는 소녀처럼 보였다. 내심 기대했던 복잡 미묘한 애증의 얼굴이 아니었다.

「바벨탑」은 어디가 잘못되었는지 보수 중이어서 관람이 불가능했다. 아르침볼도의 「사계」는 루브르에서 본 것과 똑같았다. 루브르의 것이 복제품이란다. 그런데 여름과 겨울만 있어 사계절에 걸친 생로병사의 추이를 한눈에 볼 수 없는 게 흠이었다.

의 『살로메』는 헤롯이 의붓딸 살로메를 유혹하는 것으로, 살로메는 요한에게 욕망을 느끼나 거절당하자 이에 대한 복수로 요한을 목을 요구하는 것으로 나온다.

*** 「사계」의 최초 버전은 1563년에 제작되었다. 이후 신성로마제국 합스부르크 왕조의 막시밀리안 황제가 아르침볼도에게 복제품을 의뢰하여 몇 차례 복제품이 지작되었다. 루브르에 있는 것은 1573년 버전이다. 참고로 이 「사계」를 정리하면 다음과 같다. 차례로 봄, 여름, 가을, 겨울이다.

라페엘로의 「초원의 성모」

베르나르디노 루이니의 「요한의 목을 받쳐 든 살로메」

브리겔 1세의 「바벨탑」 – 인터넷 켑처

아르침볼도의 「사계」 – 루브르

비제 르브룅의「마리 앙투아네트」

오히려 나의 시선을 오래 잡아 끈 것은 앙투아네트의 초상이었다. 아마도 세계사 시간을 통해서 익숙해진 이름 때문일 것이다. 마리 앙투아네트는 합스부르크 왕가 출신으로 어린 나이에 프랑스의 왕비가 되었던 여인이다. 사치를 즐겼고 방탕했으며, 이로 인하여 프랑스 혁명을 자극한 장본인으로도 알려져 있다. 결국 단두대의 이슬로 사라진…….

초상화는 그녀의 전속화가였던 비제 르브룅의 작품으로 부드럽고 풍성한 치마의 질감이 압권이다. 아름답고 우아하다. 뒷덜미를 타고 내리는 갈색 머릿결도 탐스럽다. 그런데 저 탐스러운 머릿결을 단두대에 오르기 전에 잘랐다고 한다. 이유는 간단했다. 단칼에 목이 잘려지는 것을 방해할 수도 있다는 이유에서였다. 갑자기 안쓰러움과 허망함이 밀려왔다. 정말 그녀는 단두대의 이슬로 사라질 만큼 큰 죄를 지었던가? 어쩜 혁명은 명분이 필요했던 것은 아니었을까?

역사의 변곡점에는 늘 희생되는 무언가가 있다.

유럽 여행을 하다 보면 합스부르크 왕가와 관련된 이야기를 많이 듣게 된다. 합스부르크는 오스트리아를 비롯한 중부 유럽을 중심으로 막강한 세력을 가졌던 명문 왕가의 이름이다. 1273년에 루돌프 1세가 최초로 신성 로마 제국의 황제로 즉위한 이래 16세기 전반의 전성기를 거쳐 1918년 카를 1세가 퇴위하기까지 오스트리아와 헝가리를 다스렸으며 독일 황제를 배출하기도 하였다. 그가 바로 루돌프 1세이다. 루돌프 1세는 1282년 두 아들에게 오스트리아와 슈타이어마르크(1867년 수립된 오스트리아·헝가리 제국의 구성국 중의 하나)를 물려주었다. 이때부터 오스트리아 왕실에 관여를 하게 되었고 합스부르크 왕가와 오스트리아 왕실의 오랜 관계가 시작되었다. 합스부르크 왕가는 거의 모든 유럽 왕실과 연결되어 유럽 최대의 왕가로 번성했다.

제1차 세계대전은 합스부르크 왕가의 해체를 가져왔다. 오스트리아와 헝가리에 대한 주권은 1918년, 1921년에 각각 상실되었다.

그러나 정작으로 나를 사로잡은 것은 2층 관람을 마치고 1층으로 내려오면서 발견한 안토니오 카노바의 「켄타우로스를 죽이는 테세우스」란 조각상이었다. 친구의 아내를 겁탈한 켄타우로스를 테세우스가 몽둥이로 내려치는 장면이란다. 테세우스는 헤라클레스에 비견되는 아테네 최고의 영웅으로 그의 영웅담 중 이 장면을 최고로 꼽는다.

켄타우로스는 반인반수半人半獸의 괴물이다. 상반신은 인간의 형상이고 하반신은 짐승의 형상*이다. 상반신은 이성적 정신을, 하반신은 본능적 욕망을 상징한다. 그래서인지 어떤 켄타우로스는 인간에게 친절하고 비폭력적인가 하면 어떤 켄타우로스는 난폭하고 음탕하다. 게다가 술까지 좋아하여 취하면 행패를 부리기도 한다. 신화는 후자 쪽에 기울어져 있다.

* 신화 속의 켄타우로스의 하반신은 말의 형상이다.

인간은 이성적 존재임을 자처한다. 자칫 흐트러질세라 윤리적 무장을 게을리하지 않는다. 교육은 인간에게 이성적 존재이기를 강요하거나 이성적 존재임을 세뇌한다. 그런 과정을 거쳐 윤리적으로 완성된 사람을 우리는 성인 또는 군자라 일컫는다.

그러나 이것을 뒤집어 보면, 인간은 결코 이성적인 존재가 아니라는 것을 반어적으로 말해 준다고도 볼 수 있다. 인간을 자연 상태로 방치하면 짐승에 가까워질 수 있다는 것, 그래서 교육하고 또 교화해야 한다는 것, 그런 전제가 그 밑바탕에는 깔려 있기 때문이다.

그렇다고 교육만 잘하면 인간 내면에 있는 짐승적 욕망을 제거할 수 있느냐, 하면 그렇지 않다는 데에 인간의 딜레마가 있다. 아무리 배우고 익혀도 짐승적 욕망은 끈질기게 살아남아 우리의 몸 어디쯤엔가 똬리를 틀고 있다. 그러다 어느 한순간 틈만 보이면 잽싸게 뛰쳐나가 그 모든 울타리를 일순에 넘어뜨린다. 인간 사회에 죄악이 끊이지 않는 이유가 거기에 있다. 교육은 가면을 두텁게 할 뿐, 결코 본성을 바꾸지는 못한다.

그러니까 인간은 모두 자신의 내면에 짐승 한 마리씩을 키우고 산다. 그것이 말이든 이리이든 악어이든…….

켄타우로스를 죽이는 테세우스

우리는 모두 켄타우로스의 후손들이다. 진화에 진화를 거듭한 끝에 두 다리는 감추고 두 다리로만 걸어 다닌다. 겉으로는 짐승의 형상이 보이지 않는다. 때문에 어떤 짐승이 숨어 있는지 알지 못한다. 참으로 교활한 진화의 결과이다. 인두겁이 두터워져 테세우스도 켄타우로스를 찾아내지 못하고, 켄타우로스도 테세우스를 두려워하지 않는다.

반인반수의 수인獸人. 진화된 인간의 학명이다. 「켄타우로스를 죽이는 테세우스」 조각상 앞에서 그 짐승의 전언傳言을 듣는다.

우리는 이미 한 통속이니

—켄타우로스의 전언

나는 이미 그대의 몸속에 들어 있다
기회 있을 때마다 그대는 손을 내젓지만
나는 결코 사라지지 않는 바이러스다
굽잇길마다 소금 땀을 한 짐씩 부려 놓을 때도
물이랑마다 눈썹 때를 한 움큼씩 씻어낼 때도
사실 나는 거기 어드메쯤서 이빨을 갈고 있다
방심하지 마라, 지금은 비록 숨겨 있지만
조금이라도 이 고삐가 느슨할라치면
나는 곧장 으르렁거리며 뛰쳐나갈 것이다
그녀의 순결한 치맛자락을 찢어버릴 수도
거리의 의젓한 신호등을 넘어뜨릴 수도
끝내는 그대의 목줄마저 물어뜯을 수도
있느니, 부인하지 마라
그대는 이미 나와 한 통속이니
영원히 함께 할 평생의 동지이니

호엔 잘츠부르크 요새

■ 호엔 잘츠부르크 요새

불치의 유전자를 가진 평화

기타와 소총, 그 이율배반의 동거

아침 일찍 빈에서 기타를 타고 무려 2시간 30분이나 달려 도착한 곳은 잘츠부르크. 잘츠부르크는 오스트리아의 수도 빈에서부터 300Km 정도 떨어진 작은 도시로 알프스 북쪽 경계의 잘차흐 강 유역에 자리 잡고 있다. 잘츠부르크란 말은 원래 '소금의 성'을 뜻하는 말로 예로부터 소금의 산지로 유명한 곳이기도 하다. 상업이 발달하고 풍광 또한 아름다워 해마다 수많은 관광객들이 찾는 이 잘츠부르크는 잘차흐 강을 중심으로 구시가지와 신시가지로 나누어지는데, 구시가지는 1996년 유네스코 세계문화유산으로 등재되었다. 그만큼 문화재, 또는 유적지가 많은 곳이다.

무엇보다도 잘츠부르크는 음악의 도시로 유명하다. 음악의 천재 모차르트가 태어난 곳이기도 하고, 뮤지컬 영화「사운드 오브 뮤직」의 촬영지이기도 하다. 모차르트의 생가와 동상이 있고, 영화 촬영지인 미라벨 정원이 있다. 또한 음악의 도시답게 유럽 3대 음악제* 중의 하나인 잘츠부

* 오스트리아의 잘츠부르크 페스티벌, 스코틀랜드의 에든버러 페스티벌, 독일의 바이로이트 페스티벌

르크 페스티벌이 매년 여름에 개최되어 전 세계 음악인들에겐 성지와 같은 곳이기도 하다.

모차르트의 동상과 생가

그러나 나는 거기서 음악이 아닌 전쟁을 먼저 보았다. 잘츠부르크에서의 첫 번째 일정이 바로 호엔 잘츠부르크 요새였던 것이다. 해발 120m, 그리 높지 않은 곳에 위치한 이 요새는 1077년 게브하르트 대주교가 교황 서임권 투쟁 때 독일 남부 황제파와의 전쟁에 대비하기 위해서 구축했다고 한다. 호엔 잘츠부르크는 '높은 잘츠부르크'란 뜻으로 그리 높지는 않지만 잘츠부르크 어디에서도 잘 보이는 일종의 렌드마크 역할을 하기 때문에 그런 이름이 붙여졌을 것이다.

걸어 올라갈까, 하다가 눈발이 날리는 궂은 날씨여서 푸니쿨라(일종의 엘리베이터)를 탔다. 약 3분 정도 걸렸다. 푸니쿨라에서 내려 조금 걸어 올라가니 전망대가 있었다. 잘츠부르크 전경이 한눈에 들어왔다. 아침에 내린 눈발 탓이었을까? 잘츠부르크 시가지는 정갈하고 서늘했다. 멀리 잘차흐 강 너머 알프스 산맥이 나지막이 엎드려 있었다. 영화「사운드 오브 뮤직」의 마지막 장면에 트랩 가족이 알프스 산맥을 넘어 탈출하는 장면이 나오는데, 저기 어디쯤이라고 한다.

성벽에선 오래된 세월의 냄새가 났다. 바위 틈틈이 검의 이끼가 번져

요새에서 바라본 잘츠부르크 전경

있었고, 그 위로 눈발이 날렸다. 건물과 건물 사이에 작은 전나무들도 보였는데 조금은 무질서했다. 전나무가 자랄 만한 장소도 아니었다. 흙에 심어져 있는 게 아니라 어떤 장식으로 사용하고 임시로 버린 것 같기도 하였다. 만화영화에나 나올 법안 조그마한 나무집도 여기저기 눈에 띄었다. 그러나 무슨 용도인지는 알 수가 없었다.

요새의 내부는 생각보다 넓고 복잡했다. 그러나 딱히 관심을 끌 만한 것은 없었다. 더구나 안내판을 읽을 수도 없으니 조금은 답답하기까지 했다. 어쨌든 내가 알고 있는 요새의 이미지는 아니었다. 저런 조형물과

요새의 건물 바깥 풍경

그림이 왜 이런 요새에 전시되어 있는지 의구심마저 들었다.

그러다가 우연히 발견한 것이 바로 기타와 소총이 나란히 진열되어 있는 전시실이었다. 기묘했다. 기타와 소총의 동거라니……. 기타가 노래라면 소총은 다툼이다. 기타가 평화라면 소총은 전쟁이다. 기타가 생명이라면 소총은 죽음이다. 그런데 그 둘이 다정히 어깨동무를 하고 있는 것이다. 마치 백년지기처럼.

인류의 역사상 평화를 갈구하지 않은 시대가 언제 한 번이라도 있었던가? 인류의 역사는 늘 평화를 지향해 왔다. 그럼에도 불구하고 분쟁과 전쟁이 끊일 날이 없었으니 이를 어떻게 설명해야만 할까? 사람들은 말한다. 평화를 유지하기 위해서는 힘이 필요하다고. 그러면서 유비무환을 내세워 전쟁 준비에 만전을 기한다. 군사력 증강에 온 힘을 기울인다. 그런데 그 명목으로 내세우는 것이 언제나 평화였다. 평화를 지키기 위해서는 전쟁을 준비해야만 한다는 것이다. 동서고금이 동일하다.

그리하여 소총은 평화를 빌미로 장전을 하고, 기타는 평화를 빌미로 소총을 부른다. 기타와 소총의

기타와 소총

배후는 똑같이 평화다. 참으로 이율배반적이다. 그 이율배반의 상징을 호엔 잘츠부르크 요새에서 본다.

기타와 소총

—호엔 잘츠부르크 요새에서

적들은 물러갔다 그는
소총을 벽에 기대어 놓고
연둣빛 기타를 집어들었다
내게 강 같은 평화
내게 강 같은 평화
넘치는 환희를 노래하기 시작했다
그는 본성이 평화주의자였으므로
그의 한쪽 어깨에는 언제나
기타가 메어져 있었다 그러나
평화의 척추는 선천적으로 허약하여
한 점 바람에도 쉽게 무너졌다
그때마다 당대의 명의들이 처방전을 냈지만
역사는 언제나 그 효험을 부정했다 암암리에
평화의 척추는 불치의 유전자를
가진 게 아니냐는 풍설이 나돌았다
그도 한때는 연금술사들이 거주하는
황금소로를 기웃거린 적이 있었다

그러나 그는 현실주의자였다
연금술은 이제 시대의 뒤편으로
사라진 지 오래, 그 이후로
그는 요새에 은거하여 주저 없이
기타 곁에 소총을 세워 두었다
내게 강 같은 평화 내게 강 같은
평화가 무너진 곳에는
다만 피의 총성이 필요할 뿐
연둣빛 화음의 끝에는
언제나 화약 냄새가 흘러 나왔다
그는 슬쩍 소총을 바라보았다
아직도 총열이 식지 않은

뮌헨스부르크 전망대에서 바라본 잘차흐 강과 미카르트 다리

당신의 사랑은 안녕합니까

미카르트에서 불안한 사랑의 맹세를 보다

호엔 잘츠부르크 요새에서 내려와 점심 식사를 했다. 그러나 식당이 너무 붐벼 햄버거로 대충 요기를 하는 수밖에 없었다. 그나마도 한참을 기다렸다가 허겁지겁 때우고 말았다. 불현듯 대한한국이 그리워졌다. 내 언제 이렇게 성급하고 불안하게 끼니를 때웠던 적이 있었던가?

끼니를 때웠는데도 뭔가 허전했다. 그때 큰딸이 말했다. 다음 일정까지는 시간도 넉넉하고, 여기서 멀지 않은 곳에 아주 유명한 카페가 있으니 한번 들러보자고. 예나 지금이나 카페보다는 술집을 좋아하는 나였지만 거기서 어떻게 하겠는가? 딸들의 의견을 따르는 수밖에 없었다. 자허토르테*의 원조로 알려져 있는 카페 '자허Sacher'라는 곳이었다.

* 초콜릿 스펀지케이크에 살구 잼을 넣어 만든 오스트리아의 대표적인 케이크

자허토르테

카페 '자허'에 가기 위해서는 '미카르트'라는 다리를 건너야 했다. 잘츠부르크는 잘차흐 강을 중심으로 구시가지와 신시가지로 나뉘는데, 이 두 시가지를 연결하는 다리가 바로 미카르트였던 것이다. 그러니까 호엔 잘츠부르크 요새는 구시가지에 있었고, 카페 '자허'는 신시가지에 있었다. 다리에 진입할 무렵부터 또다시 눈보라가 휘몰아치기 시작했다. 악천후였다.

그런데 거기서 나는 전혀 예상치 못한 풍경과 마주했다. 다리 난간을 빼곡히 채우고 있는 각양각색의 자물쇠였다. 뜻밖이었다. 잘츠부르크라는 작은 도시에까지 와서 이런 사랑의 자물쇠를 보게 되다니!

미카르트 다리. 눈보라가 심했다.

사랑의 자물쇠는 사랑하는 사람들끼리 영원을 맹세하며 자신들의 이름이나 이름의 첫 글자, 간혹 날짜까지를 새긴 후 다리나 울타리, 기념물 등에 걸어두는 자물쇠를 말한다. 맹세를 꾹꾹 눌러 새기고는 자물쇠로 잠근 후 그 열쇠를 강물이나 절벽 아래 던져 버린다.

그런데 사람들은 왜 사랑을 하면 이렇게 자물쇠를 채워 놓으려고 하는 것일까? 문득 사랑은 헤어짐을 전제로 한 것인지도 모른다는 생각이 들었다. 그걸 알면서도 본인만은 피하고 싶은 이기적 간절함이 이렇게 자물쇠를 채워 놓은 것은 아닐까?

사랑을 하면 서로에게 묻는다. 나를 사랑하느냐고. 묻고 또 묻는다. 정말 나를 사랑하느냐고. 그러고는 어떻게 해서든지 확답을 받아 그것을 영원한 증표로 남기고자 한다. 그 증표 중의 하나가 바로 사랑의 자물쇠인 것이다. 제발 우리 사랑만은 영원하라고. 맹세에 맹세를 거듭한 끝에 그 맹세를 묶어 철거덕, 자물쇠를 채워 버린다. 그리고 열쇠를 버려 버린다. 이제부터는 그 누구도 열지 못하리라. 아예 강물 속에 던져 버린다. 다리 난간에 사랑의 자물쇠가 많이 걸리는 이유가 거기에 있다.

눈보라가 점점 거세진다. 사랑의 자물쇠에도 눈발이 쌓인다. 어느 사랑인가 또 아프기 시작한 모양이다. 그러나 열쇠를 감춘 잘차흐 강은 그저 모르쇠로 흘러갈 뿐, 아무런 기척이 없다.

그래도 카페 '자허'의 자허토르테는 달콤하고 부드러웠다.

사랑의 자물쇠

—미카르트 다리에서

자신의 예감이 적중하자
그는 오히려 편안해졌다
더 이상 사탕수수를 베지 않아도
밤새 별들의 눈을 닦지 않아도
되었다

처음엔 그도 두려웠다
문득 마주한 달콤함과 반짝임
달아날까봐
겹겹 울타리를 둘러치고
큼지막한 자물쇠도 꽉꽉
채워놓았다 영원히
그 누구도 열지 못하리라
열쇠도 강물에 던져버렸다

울타리 밖으로 반달곰이 지나갔다
입술이 퉁퉁 부어 있었다

꽃사슴도 기웃거렸다
검게 그을린 가슴의 꽃을 애써 감췄다
아리랑 고개를 넘어왔는지
절룩거리는 늑대도 있었다

그때마다 그는 자물쇠를 매만졌다
왜 아니랴, 모두는 늘 자기만은 예외일 거라는
아주 편리한 믿음을 가지고 있으니

이젠 종종 술집에서도 그를 만날 수 있을 것이다
열쇠를 버렸으니 끝내 꺼낼 수 없는 그것이
담담한 화석이 되려면 꽤 오랜 시간이 걸릴 것이다

그때쯤, 술 한 잔 권하며 귀엣말할지도 모르겠다
이 화석 참 아름답지 않아요?

에피소드 2

잘츠부르크에서의 일정을 마친 우리는 빈으로 돌아가야 했다. 예매한 기차의 출발 시각은 오후 7시 8분. 잘츠부르크 역은 이미 어둠에 덮여 있었다.

7시 8분, 우리는 정확하게 기차를 탔고, 기차는 정확하게 제 시간에 출발했다. 기차 안은 한산했다. 거의 텅텅 비다시피 했다. 그래서 우리는 저마다 한 좌석씩을 차지하고는 세상에서 가장 편한 자세로 앉거나 누웠다.

밖엔 눈보라가 치고 있었지만 기차 안은 안온했다. 우리는 편안하게 잠을 청했다. 그때까지만 해도 우리는 머잖아 닥칠 황당한 낭패를 전혀 눈치채지 못하고 있었다.

한 시간쯤을 그렇게 달렸을까? 둘째 한결이가 잠든 우리를 깨웠다. 뭔가 이상하다는 것이었다. 지나치는 역 이름이 생소하다는 게 그 이유였다. 갸우뚱갸우뚱 빈으로 가는 철도 노선을 검색해 보더니 아연실색, 기차를 잘못 탔다는 비명이었다. 그러니까 빈으로 가는 기차를 타야 하는데 그 반대 방향으로 가는 기차를 탔다는 것이었다. 7시 8분이라는 똑같은 출발 시각이 만들어낸 엄청난 착각이었다. 우리가 탄 기차는 아마도 독일

행이었던 모양이다.

이럴 수가! 이게 도대체 어떻게 된 상황이란 말인가! 낯선 이역만리에서 기차를 잘못 탄 것만도 환장할 노릇인데 그것도 한 시간도 넘게 반대 방향으로 달리고 있었다니! 너무 놀라 말조차 제대로 나오지 않았다.

빨리 대책을 마련해야 했다. 그러나 유감스럽게도 가장인 나는 아무런 의견도 제시할 수가 없었다. 그저 망연자실. 아내도 마찬가지였다. 딸들의 입만 바라보았다. 하지만 딸들이라고 해서 무슨 뾰족한 수가 있으랴. 일단은 내리는 수밖에 없었다. 엉뚱한 나라로 갈 수는 없는 노릇, 앞이 캄캄했다.

어느 조그만 시골 역이었다. 경황이 없어 지금도 그 역이 어딘지 모른다. 역무원은 모두 퇴근한 뒤였고, 대합실은 차가운 냉기만 돌고 있었다. 잘츠부르크로 돌아가는 기차가 있는지 없는지도 제대로 파악할 수 없었고, 그나마 승차권 무인 발급기마저 작동을 하지 않았다. 밖은 여전한 눈보라, 불빛 하나 보이지 않았다. 돌아가지 못하면 이곳에서라도 숙소를 정해야 하는데 그마저도 불가능하다는 절망감이 와락 가슴을 쳤다.

그때 눈보라를 헤치고 60대 중반쯤 돼 보이는 여자가 눈발을 털며 대합실 문을 열었다. 반가웠다. 마치 구세주처럼 보였다. 둘째가 대화를 시작했다. 그 여자는 근처에 사는 주민인데 일이 있어 지금 잘츠부르크로 가는 길이라고 했다. 조금 있으면 잘츠부르크 행 기차가 온다는 것이었다. 다행이었다. 참말로 다행이었다.

아줌마의 말대로 조금 기다리니까 정말로 기차가 왔다. 우리는 무조건 기차에 올랐다. 승차권을 구입하지 않았으니 무임승차였다. 안 들키면 다행이지만 만약 들키면 외국에서 망신살이 뻗칠 수 있는 상황이었다. 우리는 기차의 칸을 나누어 각자의 자리를 따로따로 잡았다. 검표원의 동선을 살펴보기 위해서였다. 먼저 본 사람이 그걸 알리고 재빨리 거기에 대한 대책을 세우려는 꼼수였다.

그런데 정말로 검표원이 왔다. 대책을 세우자고는 했지만 거기서 무슨 대책이 있겠는가? 정면 돌파를 하는 수밖에 없었다. 한결이가 상황을 설명했다. 우리는 조마조마했다. 한참 뒤 검표원이 우리를 안쓰럽게 바라보더니 딸의 핸드폰에 남아있는 빈 행 승차권 구매 기록을 확인했다.

그러고는 어디론가 연락을 했다. 그게 잘츠부르크 역임을 나중에 알았다. 그리고 그가 웃었다. 아주 인자하게(?) 웃었다. 우리에겐 행운의 미소였다. 7시 8분 발 빈 행 기차가 무려 3시간이나 연착을 하고 있다는 것이었다. 그러니까 지금 잘츠부르크에 가면 그 기차를 탈 수 있다는 것이었다. 교통 상황이나 여건이 서로 다른 여러 나라를 거쳐야 하는 유레일의 특성 때문도 있었지만 워낙 심한 눈보라로 그만큼 지체되었다는 것이었다. 기차의 연착이 그렇게 고맙기는 그때가 처음이었다. 잘츠부르크로 돌아가는 요금은 받지 않았다. 그리고 그 이름 모를 역까지의 요금도 받지 않았다. 고마웠다. 정말로 고마웠다. 비로소 우리들의 얼굴에 화색이 돌았다.

그 검표원 아저씨. 다시 만나고 싶다. 다시 만나서 오스트리아의 명주 와인을 한 잔 권하고 싶다. 아니면 우리나라의 막걸리라도 한 대포하고 싶다.

빈에 도착했을 때는 이미 새벽, 자정을 넘긴 지 한참이었다. 아찔한 경험이었다.

2019년 1월 2일, 정월 초이튿날이었다.

정월 초하룻날 아침과 정월 초이튿날 저녁, 연거푸 일어난 황당한 사건이었다.

착각과 당황, 그리고 행운. 우리는 그렇게 2019년을 시작하고 있었다.

그러나 얼마나 다행이랴! 최종 결과가 행운이었으니. 2019년 한 해가 그런 행운으로 가득차기를……. 스스로에게 최면을 걸고 또 걸었다.

벨베데레 궁전, 클림트의 「키스」와 「유디트」

벨베데레 궁전

■ 벨베데레 궁전, 클림트의 「키스」와 「유디트」

황홀한 황금빛 유혹

그 몽환의 늪에 빠지다

벨베데레 궁전은 숙소에서 얼마 떨어지지 않은 곳에 있었다. 걸어가도 충분한 거리였다. 아침 일찍 식사를 마친 우리는 벨베데레 궁전을 향해 걷기 시작했다. 정초의 겨울바람이 매서웠다. 간간히 싸락눈도 날렸다. 빈의 거리는 오스트리아의 수도답지 않게 한산했다.

벨베데레 궁전은 오스트리아 사보이 왕가 오이겐 왕자의 여름 궁전으로 흔히 황금의 화가라 일컬어지는 클림트의 회화 컬렉션이 유명한 곳이다. 클림트는 오스트리아의 화가로 고급예술과 저급예술, 성녀와 유녀를 구별하는 이분법을 지양하고 총체적인 예술을 추구했다고 한다. 특히 1901년 이후 황금시기로 불리던 때의 금박을 이용한 화려한 색채 표현은 이미 세계적으로 정평이 나 있다.

이른 아침인데도 불구하고 궁전 입구는 사람들로 붐볐다. 한산한 거리와는 딴판이었다. 그야말로 장사진이었다. 입장도 어려웠다. 표를 구매했다고 해서 그냥 입장하는 게 아니었다. 통제 없이 무제한으로 입장시키던 루브르와는 달리 입구에서부터 인원을 통제했다. 내부의 혼잡을 피하기 위함이겠지만, 기다리는 일은 지루한 것이었다.

대기실에서 바라본 벨베데레의 하궁

영화 포스터

오랜 기다림 끝에 우리에게도 입장이 허락되었다. 마침내 클림트의 황금빛 유혹 앞에 서게 된 것이다.

역시 명불허전名不虛傳. 미술에 문외한인 나도 그 앞에서 한참씩이나 걸음을 멈춰야 했다. 「키스」, 「유디트」 등의 그림 앞에서 더더욱 그랬다. 그건 나뿐만이 아니었다. 여타의 관람객들도 마찬가지였다. 다만 1,500억원이라는 경이적인 경매가가 나와 세상을 놀라게 했던 「아델라 블로흐 바우어의 초상」이라는 그림을 보지 못한다는 것이 아쉬웠다. 일찍이 「우먼 인 골드」*라는 영화로 나에게 다가왔던 이 그림은 현재 뉴욕 노이에 갤러리에 전시되어 있다고 한다.

클림트하면 가장 먼저 떠오르는 그림은 「키스」. 황금빛 장식에 둘러싸인 두 연인이 키스를 하고 있다. 에로틱하고 감미롭다. 두 연인이 있는 곳은 색색의 꽃이 피어 있는 초록의 정원. 아니다. 그것은 초록의 정원이 아니라 이제 막 키스를 맞이하는 초록의 혓바닥. 그 촉촉한 설렘이다. 무릎을 꿇은 여인의 뒤쪽은 그대로 천 길 낭떠러지. 아니다. 그것은 낭떠러지가 아니라 그대로 부둥켜안고 쓰러져도 좋을 망망한 황금빛 우주. 그 우주 속으로 유영하는 두 연인의 모습이 머릿속에 그려진다.

저 두 연인. 클림트 자신과 그의 운명적인 연인 에밀리 플뢰게라고 한다. 평생 여성 편력**이 심했던 클림트였지만 에밀리에게만은 진심이었다고 한다. 그걸 서로 알고 있었는지 에밀리는 영혼의 동반자로서 27년간 클림트의 곁을 지켰고, 클림트 또한 죽기 직전에 마지막으로 불렀던 이름이 에밀리였다고 한다.

그 에밀리가 지금 액자 속에서 사랑하는 남자, 클림트의 입술을 받아들이고 있는 것이다.

* 나치에게 약탈당했던 「아델라 블로흐 바우어의 초상」을 되찾기까지의 과정을 그린 영화로 실화를 바탕으로 했다.

** 클림트가 뇌출혈로 급작스럽게 세상을 뜨자 친자 등록을 요청하는 소송만 14건에 달할 정도였다고 하니 그 자유분방한 여성 편력은 짐작하고도 남음이 있다.

연인

—클림트의 「키스」

무릎을 꿇었습니다
두 눈도 감았습니다
당신의,
당신의 품안이기 때문입니다
언제부터일까요
뜨거운 숨결에 휘감겼습니다
황금의 종탑에 갇혔습니다
조금만,
조금만 더 가까이 오세요
초록의 정원
색색의 꽃향내에 밀렸던가요
아, 어찌할까요
이 아뜩한 종소리
쏟아지는 별보라입니다
범람하는 은핫물입니다
어서, 어서 노를 저으세요
우주의 한복판
황홀한 유영입니다

클림트의 「해바라기」

「키스」의 여운이 채 사라지기 전 또 다시 나를 매료시킨 그림이 있었으니, 그것은 다름 아닌 클림트의 또 다른 대표작 「유디트」였다. 「키스」의 여인이 수동적이라면 「유디트」의 여인은 능동적이다. 똑같은 작가의 작품이지만 그 이미지는 정반대이다. 공통점이 있다면 모두 매혹적인 여인이라는 점, 그리하여 사람들은 어느 한쪽에만 오래 서 있지를 못한다.

클림트의 「프리차 리틀러」

유디트는 구약성서의 외경 「유딧*기」에 등장하는 과부寡婦의 이름이다. 아시리아 군의 공격 때 적진에 뛰어들어 적장 홀로페르네스를 유혹, 하룻밤을 같이 한 다음 그의 머리를 잘라 가지고 돌아왔다는 여인이다.

방금 절정에서 돌아온 듯한 나른한 눈빛과 채 다물지 않은 입술, 쾌락의 열기가 상기도 남아 있는 듯 발그스름한 젖꼭지와 미세하게 할딱거리는 배꼽. 그리고 배경인지 의상인지 모를 황금빛 장식에 둘러싸인 저 여인. 저 여인을 도대체 어떻게 맞이해야 할까?

적장을 죽였다는 점에서는 우리나라의 논개와 비슷한 점이 있다. 그러나 클림트의 「유디트」는 논개와는 다르다. 논개는 연회 중 적장의 목을 끌어안고 진주 남강에 몸을 던지지만, 유디트는 적장과 하룻밤을 잔 후 혼곤한 쾌락에 잠든 적장의 목을 베어 가지고 돌아온다. 결이 다르다. 그래서일까? 논개와 같은 비장함이나 숭고함이 보이지 않는다. 가슴과 배꼽을 그대로 드러낸 채 기하학적인 황금 문양에 둘러싸인 그녀의 모습은 오히려 관능적이고 유혹적이다.

더욱 놀랄 만한 것은 그림의 오른쪽 하단부에 있다. 이 몽환적인 여인이 들고 있는 것은 다름 아닌 방금 잘라온 적장 홀로페르네스의 머리, 금방이라고 피가 뚝뚝 떨어질 것만 같다. 그런데도 표정은 살인 행위의 머뭇거림이나 두려움이 보이지 않는다. 오히려 승리감에 도취된 듯한 황홀경이다. 한마디로 팜 파탈femme fatale이다.

---

* Judith: (유디트/유딧) 규범 표기가 미확정이라 관용적 표기에 따랐다.

클림트의 「유디트」

너는 내게 죽었다

—클림트의 「유디트」

내가 이렇듯 적진에 숨어든 것은
치마 속 녹슨 칼을 벼리고
은밀한 야삼경 너의 침상을 두드린 것은
네가 적장이었기 때문이 아니다
홀로페르네스,
네가 사내였기 때문이다
왕성하고 무자비한 정복욕에 이글거리는
뜨거운 불꽃이었기 때문이다
나는 이미 오래 전에 몸이 가문 과부
그리하여 이번만큼은
기필코 너의 불꽃을 베리니
너는 어서 창을 들어라
부족과 종교는 그 무엇, 훌훌 벗어 던지고
알몸으로 치열하게
치열하게 한바탕 붙어보자
네가 마상창 곧추세워 한복판을 짓쳐오면
나는 반월검 구부려 배수진을 치고

네가 금빛 박차를 가하면
나는 매화문 포위망을 더욱 조이고
일합 이합, 진퇴를 거듭해 보자
아뜩한 운우雲雨, 천지간에 흩뿌려 보자
절륜하구나, 매 초식 거듭할수록
젖꼭지는 햇귀처럼 탱탱 부풀어 오르고
입술은 조개처럼 할할 단내를 풍기는데
아아, 마침내 온몸을 휘감아오는
황금빛 황홀이여!
홀로페르네스, 너는 이제 내게 죽었다

헝가리

어부의 요새

차마 요새라 부르고 싶지 않은

세체니 다리

혀는 제 몸을 베는 칼이다

다뉴브 강의 신발들

이젠 천사가 되어 날아가시라

어부의 요새

차마 요새라 부르고 싶지 않은

헝가리 애국정신의 표상, '어부의 요새'에서

어부의 요새

아무리 보아도 이건 요새가 아니다. 자고로 요새라 함은 전쟁과 관련된 용어로 전략적인 방어시설이거나 천연적으로 그런 기능을 가진 곳을 이름인데, 이건 정말 아니다. 요새라 부르기에는 너무나 아름답다. 한마디로 그냥 동화의 나라라고 해야 옳을 것이다. 금방이라도 작은 창문이 열리면서 키 작은 빨간 머리 소녀가 나풀나풀 날아올 것만 같다.

회랑에서 바라본 전경. 멀리 다뉴브 강과 그 너머 국회의사당이 보인다.

헝가리 부다페스트의 부다 지역에 있는 '어부의 요새'를 두고 하는 말이다. 이 요새는 로마네스크와 네오고딕 양식이 절묘하게 어우러진 19세기 말의 건축물로 고깔 모양을 한 7개의 탑*이 긴 회랑으로 연결되어 있다. 그 우아한 자태는 물론 거기서 내려다보는 다뉴브 강과 그 주변 경관은 그야말로 감탄을 자아내기에 충분하다.

그런데 왜 하필 이렇게 아름다운 곳을 요새라고 부르는 것일까? '어부의 요새'라는 이름은 19세기에 왕궁을 지키는 시민군이었던 어부들이 이곳에서 강을 건너 기습하는 적들을 방어한 데서 유래하였다고 한다. 그

* 헝가리 땅에 처음 정착하여 살기 시작한 7개 부족을 상징한다고 한다.

후로 정부는 이를 기념하기 위하여 '어부의 요새'라 이름 짓고 대대로 헝가리 애국정신의 표상으로 삼았다는 것이다.

애국이란 말을 들으면 자못 비장해지고 엄숙해진다. 그 이유는 간단하다. 애국정신이 무너지면 국가가 무너지고, 국가가 무너지면 국민이 무너지고……. 그리하여 한없이 비참해진다는 것을 우리는 역사를 통하여 너무나 잘 알고 있기 때문이다. 그래서 국가마다 국가 존망의 최우선 가치에 애국을 올려놓고 교육의 기본으로 삼고 있는 것이다.

그러나 여기서 반드시 짚고 넘어가야 할 것이 있다. 그것은 다름 아닌 애국이 어떤 정치적 목적이나 통치의 수단으로 강제되어서는 안 된다는 점이다. 우리는 종종 어떤 사실이나 인물을 지나치게 과장하거나 왜곡하여 숭고한 애국 애족으로 치장하는 경우를 심심찮게 보아 왔기 때문이다. 그런 때일수록 훈장과 포장이 남발되었다는 것도 잘 알고 있다.

우리의 근현대사가 그걸 웅변해 준다. 반공이라는 국시 아래 얼마나 많은 사건과 인물들이 과장되고 조작되었는가? 훗날에 와서야 비로소 진실이 밝혀졌던 적잖은 간첩단 사건과 시국 사건들. 그렇게 조작된 사건으로 애국 애족은 얼마나 강조되었는가? 거기에 조금이라도 이의를 제기하면 여지없이 빨갱이로 몰려 치도곤을 당해야만 했던 시절을 우리는 간직하고 있는 것이다. 물론 아직도 그 상황에서 완전히 벗어난 것은 아니지만.

이승복 어린이 사건만 해도 그렇다. '나는 공산당이 싫어요'라고 반항하다 무장공비에게 무자비하게 살해당했다는 이승복 어린이. 그게 사실이었든 아니든 그건 차후의 문제다. 중요한 건 그걸 정치적으로 이용했던 지도자들과 거기에 추종하는 무리들이다. 나이 어린 학생의 잔인한 죽음을 체제 유지의 도구로 삼았다는 점이 심히 괘씸한 것이다. 당시 학교사회에서는 이승복 어린이 글짓기와 웅변대회가 매년 끊이지 않고 열렸다. 시/군 대회, 도 대회, 전국대회 등 대회도 참 많았다. 참가하고 싶지 않아도 반드시 참가해야만 하는 필수적인 행사였다.

초등학교(당시 국민학교) 운동장에 세종대왕이나 이순신 장군 동상이 아닌 이승복 어린이 동상이 우후죽순으로 세워졌던 것도 그 무렵이었다.

그런데 왜 하필이면 이곳에 와서 그런 생각을 하는 것일까? 그것은 이 건물과 경관이 너무 아름다웠기 때문이었을 것이다. 그러니까 이 아름다움에 전쟁이니 애국이니 하는 관제적 의미를 끌어들이고 싶지 않았던 것이다. 일종의 트라우마라고나 할까? 그만큼 어부의 요새는 아름다웠다.

훈장

—어부의 요새에서

넘치는 영광인가
도금된 포상인가
오래도록 들여다본다
이 조그맣고 화려한 증표

당신을 위해 총칼을 든 것은
아니다
당신 조국을 위해 구축한 요새도
아니다

살고 싶었을 뿐이다
가족들과 오순도순
늦도록 불 밝히고 싶었을 뿐이다
더러는 이웃 불러
갓 잡은 생선구일 안주로
노을 비낀 강 하구에
술 한 잔 띄우고 싶었을 뿐이다

우린 그저 작살과 그물만으로도
족할 줄 아는 가난한 어부였을 뿐이다

그러므로 이 증표 하나로
당신과 당신 조국의
거창한 치장이 되는 건 너무 송구하다
문패라니, 더더욱 안 될 말이다

이거, 여기 놓고 가겠다

세체니 다리

■ 세체니 다리

혀는 제 몸을 베는 칼이다

사자의 혀가 없음을 생각하다

헝가리의 수도는 부다페스트이다. 부다페스트는 다뉴브 강을 중심으로 부다와 페스트로 확연히 구분된다. 원래는 개별적으로 존재했던 지역이었는데 1873년 합병되면서 지금의 부다페스트가 되었다고 한다.

다뉴브 강은 예나 지금이나 변함없이 부다페스트를 동서로 가로지르며 흐르고 있다. 이바노비치의 「다뉴브 강의 잔물결」로 우리에게 친숙한 이름이다.

그러나 내가 보고자 했던 것은 사실 다뉴브 강이 아니었다. 부다와 페스트를 연결하는 세체니 다리였다. 세체니 다리는 다뉴브 강에 건설된 다리 중 가장 오래된 역사를 가지고 있을 뿐만 아니라 미관 또한 아름답기로 유명하다.

그러나 세체니 다리의 유명세는 다리 자체보다도 다리 양 끝에 세워져 있는 4개의 사자상에서 기인한다는 것이 내 생각이다.

세체니 다리. 왼쪽(상류)으로 조금 더 올리간 지점에서 불과 5개월 후 한국 관광객을 태운 유람선이 침몰(2019. 5. 29)해 한국인 25명이 사망했고, 1명이 실종되었다. 어쩜 우리가 탔었던 유람선일지도 모른다는 생각에 지금도 소름이 돋는다.

전설에 의하면 이 사자상을 조각한 조각가는 자신의 작품에 대한 자부심이 대단했다고 한다. 그래서 만약 이 조각상에서 어떤 흠결이라도 발견되면 기꺼이 강물에 뛰어들겠노라, 호언장담을 하였던 것인데, 어느 날 한 꼬마가 자신의 어머니에게 하는 말을 듣고 말았던 것이다. '왜 사자의 입에 혀가 없냐?'라는 물음이었다. 그때서야 아차, 자신의 실수를 깨달은 조각가는 그대로 강물에 투신해 버렸다는 것이다.

이후로 사람들은 그 사실을 확인하기 위해 이 세체니 다리를 찾는다고 한다.그러나 그것은 전설일 뿐, 단순한 실수로 사자의 혀를 조각하지 않은 것은 아닐 것이다. 그렇다면 무엇일까? 유감스럽게도 그 이유를 명시한 곳은 어디에도 없다. 그리하여 수많은 추리가 생길 수밖에 없었고, 그

가운데 가장 그럴 듯한 공통분모가 모아졌을 것이다.

세체니 다리는 부다와 페스트라는 두 지역을 연결하는 다리이다. 부다는 왕궁이 있는 지역으로 주로 귀족들이 살았고, 페스트는 상업이 번성한 지역으로 주로 평민들이 살았다고 한다. 귀족과 평민, 지배자와 피지배자. 그 둘의 삶은 뿌리부터가 다르다. 삶의 뿌리가 다르다는 것은 곧 문화가 다르다는 것을 의미하고, 문화가 다르다는 것은 결국 언어가 다르다는 것을 의미한다. 문화와 언어는 불가분의 관계에 있다. 그러므로 두 지역의 언어도 그 결이 달랐을 것이다. 언어에도 층위가 생겼을 것이다. 그 차별의 층위는 하루아침에 사라지는 게 아니다. 그러므로 명령과 복종, 하대와 저항 사이에 무수한 갈등이 잠재하고 있었을 것이다. 때문에 자칫 말 한마디가 치명적이 화를 초래할 수 있음인데, 어찌 그들이 그것을 모를 리 있겠는가?

'Pitchers have ears.'라고 했다. 물 주전자에도 귀가 있으니 말조심하라는 서양 속담이다. 동양에서는 '설시참신도舌是斬身刀'라 하여 '혀는 제 몸을 베는 칼'이라고도 했다. 우리나라에서도 '혀 아래 도끼가 들었다', '말 한마디에 천 냥 빚도 갚는다'와 같은 속담과 격언이 수없이 존재한다.

그렇다. 말조심에 어찌 동서양이 따로 있겠는가? 그래서 그걸 경계하는 의미로 사자상에 혀를 없앤 것은 아닐까?

세체니 다리로 불어오는 겨울바람이 매섭고 차다. 그것은 곧 사자의 외침이기도 했다.

너 또한 조심할지어니, 무릇 멸문지화滅門之禍의 뿌리가 혀에 있음이라.

사자의 혀

—세체니 다리에서

다리는 이쪽과 저쪽을 잇는다

다리의 양쪽 끝에는 거대한 사자상이 있다
그런데 혀가 없다

꼬마야, 더 이상 묻지 마라
너는 아직 혀의 무서움을 모르느니

사자상에 정말로 혀가 없다.

이젠 천사가 되어 날아가시라

주인 잃은 신발들의 침묵을 듣다

그것은 신발이었다. 가죽인 줄 알았더니 아니었다. 만져보니 매우 견고한 놋쇠였다. 남자의 신발도 있었고, 여자의 신발도 있었고, 어린 아이 신발도 있었다. 크기와 모양도 각양각색, 가지런하지는 않았지만 모두 강 쪽을 향해 코를 내밀고 있었다.

'다뉴브 강의 신발들'이라고 불리는 조형물 앞에서였다. 부다 지역에서 세체니 다리를 건너 강가를 따라 국회의사당 쪽으로 걷다 보면 어지럽게 놓인 신발 조형물을 만나게 되는데, 바로 '다뉴브 강의 신발들'이라고 불리는 추모의 공간이다. 제2차 세계대전 당시 궁지에 몰리던 나치는 이곳에서 마치 인종 청소를 하듯 수많은 유대인들을 학살했다고 한다. 신발을 벗게 한 다음 강가에 일렬로 세워놓고 방아쇠를 당겼다는 것이다. 쓰러지면 강물에 밀어 넣고, 또 쓰러지면 밀어 넣고…….

제2차 세계대전 당시 학살된 유대인의 수가 무려 60만 명이라고 한다.

장미가 놓여 있다.

도저히 믿어지지 않는 숫자다. 그래서 2005년, 이들을 추모함과 동시에 미래 세대에 대한 경고의 의미로 학살 현장 중 하나였던 이곳에 희생자 60만 명을 의미하는 60켤레의 신발 조형물을 설치했다는 것이다.

이름하여 '다뉴브 강의 신발들'. 장미꽃이 놓여 있었고, 동전이 들어 있었고, 쪽지가 접혀 있었다. 어린 아이 신발에는 초콜릿이 담겨 있었다. 두려움에 차마 신발을 벗지 못하는 아이들은 신발 끈으로 부모의 다리에 묶었다고 한다. 총알도 아낄 겸 부모들이 쓰러지면 함께 이끌려 강물에 떠내려가라고.

이미 총알을 맞고 숨진 부모, 그 부모가 흘리는 피를 마시며 물속을 허우적거렸을 아이들. 그때 아이들의 심정은 어땠을까? 마지막으로 불러본

엄마 아빠의 이름은 무슨 빛깔이었을까? 이 신발에 놓인 초콜릿 빛이었을까, 저 신발에 놓인 붉은 장미의 빛이었을까?

인종이 다르다는 것은 핑계일 뿐, 역사는 늘 힘없는 자들을 구실로 삼는다. 그래서 인류사는 비극의 퇴적층, 그 어디쯤에 있다. 약육강식이라는 진화의 법칙은 누적되고 발전한다. 지금도 그것은 진행형이다.

신발을 벗는 사람도 총을 겨누는 사람도 모두 우리들이다. 뿐만인가, 지금 꽃을 놓는 사람도 다름 아닌 우리들, 우리들 자신이다. 그러니까 우리는 언제든지 저 신발의 주인이 될 수도 있고, 또 소총을 당기는 학살자가 될 수도 있다. 다만 우리는 시대의 운이 좋아 지금 꽃을 들고 이 자리에 서 있을 뿐, 우리 뒤에 오는 또 누군가는 신발을 벗거나 방아쇠를 당길 것이다. 그리고 또 누군가는 저 먼 데서 꽃을 가꿀 것이다.

이곳에서 '비긴어게인2'(박정현 외)의 추모 버스킹이 있었다. 그들이 나보다 1년가량 앞서 여기를 다녀갔다. 역시 장소가 장소인지라 멤버들은 경건했고, 선곡도 신중했다. 그중에서도 나를 가장 울컥하게 만든 것은 박정현이 부른 Sarah McLachlan의 'Angel'이란 노래였다. 내가 유럽 여행의 여정에 굳이 '다뉴브 강의 신발들'을 넣은 이유가 거기에 있었다.

휴대전화에 저장해 놓은 그 노래를 현장에서 다시 들었다.

…… In the arms of the angel. Fry away frɔm here.

(천사의 품에 안겨 이곳에서 멀리 날아가시라)

우리들의 신발

—다뉴브 강의 신발들

저것은 신데렐라의 유리구두가 아니다
뒤꿈치를 깎아내면 누구나 주인이 될 수 있다

저 신발의 기억력은 아주 신통치가 않다
주인의 발가락이 다섯 개였다는 것만을 기억한다

또한 고집불통이다 코의 방향을 바꿀 줄도 모른다
그래서 사람들은 기도를 만들어냈지만

강물이 영원한 안식을 주리라는 믿음은 착각이다
피비린내 지우려고 천년만년 흐를 뿐이다

이제 부대로 돌아간 당신, 문득 소스라칠지도 모르겠다
소총 옆에 벗어 놓은 왠지 낯설지 않은 신발을 보고

멀리서 지금,
엽서 속 당신의 딸이 장미를 심고 있다

에필로그

유럽 여행을 꿈꾸기는 했어도 실천에 옮기질 못하고 있던 참이었다. 그런데 딸들의 제안으로 뜻밖에 이루어진 이번 여행은 정말 잊지 못할 멋진 경험이었다. 딸을 나면 비행기를 탄다는 말이 허언(?)은 아니었던 모양이다. 총괄적인 기획은 맏딸 한별이가, 현지에서의 언어적 소통은 둘째 딸 한결이가, 세밀하면서도 품격 있는 일정과 숙소는 막내 딸 한솔이가…… 한마디로 세 딸의 장점이 아주 잘 조화된 여행이었다. 우리 부부는 그저 따라다니며 구경하고 먹고 마시고 자면 되었다. 고맙고 행복했다.

사람들이 여행을 다니는 것은 여러 목적이 있지만, 관광을 목적으로 하는 여행은 크게 3가지로 나눠볼 수 있을 것 같다. 절대 자연, 절대 권력, 절대 신앙이 그것이다.

그중 첫 번째가 절대 자연이다. 한마디로 산수의 아름다움이다. 어느 나라를 막론하고 산수의 아름다움은 관광객을 끌어 모으는 데 일등공신이다. 그 뒤를 잇는 것이 바로 절대 권력과 절대 신앙, 우선순위를 매길 수가 없다. 그 둘은 교묘히 결부되어 있는 경우가 많기 때문이다.

절대 권력과 절대 신앙이 남긴 유적지의 대부분이 오늘날 모두 관광의 명소가 되어 있다. 절대 권력의 상징이었던 궁전과 그들의 유물, 절대 신앙의 응결체였던 성당과 모스크, 그리고 사찰—모두 절대 권력이나 절대 신앙이 아니라면 감히 엄두도 못 낼 것들이다.

이번 유럽 여행에서 만난 절대 자연은 거의 없었다. 모두 절대 권력과 절대 신앙, 그리고 그것이 결부된 유적지와 예술품들이었다. 내 평생 이번 여행만큼 예술품을 많이 본 적이 있었던가? 루브르 박물관, 미술사 박물관, 벨베데레 궁전에서 만났던 헤아릴 수 없을 정도의 많은 예술품들, 그렇다고 해서 예술품을 보는 안목이 더 높아졌을까마는 그래도 어디 가서 슬쩍 한마디는 거들 수 있겠다싶은 건방진 생각이 들기도 한다.

그리고 우리가 다녀온 후 안타까운 사건이 있었다. 불과 4개월 뒤 노트르담 성당에서 대화재(2019. 4. 15)가 발생했고, 5개월 뒤 다뉴브 강에서 한국인 관람객을 태운 유람선이 침몰(2019. 5. 29)해 25명이 숨졌고 1명이 실종되었다. 헝가리 선장과 승무원 등 2명도 숨졌다. 돌이켜보면 노트르담 성당 내부를 구경하지 못한 건 후회막심이고, 유람선 침몰은 그저 안타까울 뿐이다. 어쩜 우리가 탔었던 유람선일지도 모른다는 생각에 지금도 소름이 돋는다. 명복을 빈다.

앞으로 이런 기회가 또다시 올 수 있을까? 다섯 명의 가족이 모두 열흘 이상의 여행을 함께 떠날 수 있을까? 쉽지는 않을 것이다. 비용이 문제가 아니라 서로의 시간을 맞추기가 어렵기 때문이다. 그럼에도 불구하고 이번 여행을 할 수 있었다는 것에 대하여 가족 모두에게 감사의 마음을 전한다.

특히 지금도 프랑스 파리에서 생활하고 있는 둘째 딸 한결이의 안녕을 묻고 무탈하기를 기원한다. 어쩜 너 때문에 또 한 번 이런 기회가 올지도 모르겠다, 기대도 하면서.